足球运动与科学

孙葆洁 葛惟昆 郭家良 主编

清华大学出版社
北京

内 容 简 介

本书是一本关于足球的内容丰富、视角新颖的读物，内容涵盖了足球运动的起源与发展、技术与战术及足球运动产生的生理与心理等方面的知识，同时还包括物理学、统计学、社会学等多学科视角的解读。在本书中，作者将与读者一起对足球提问，虽然不是每一个问题都能够在书中找到答案，但在读过之后，能让读者发现这项运动的趣味之处。相信这样的内容组合与编排，不仅能帮助读者建立起对足球这项体育运动的基本了解，也能够起到拓宽视野、激发灵感、抛砖引玉的作用。通过知识的传递，使更多人欣赏足球之美、了解足球之秘、参与足球运动，这也是本书主创人员的一贯初衷。

本书是中华人民共和国教育部首批（2020年）国家级一流本科课程"足球运动与科学"的配套教材，同时也适合作为一本科普读物，供对足球运动有兴趣的读者参阅。

版权所有，侵权必究。举报：010-62782989，beiqinquan@tup.tsinghua.edu.cn。

图书在版编目（CIP）数据

足球运动与科学 / 孙葆洁，葛惟昆，郭家良主编. — 北京：清华大学出版社，2025. 1. — ISBN 978-7-302-68114-4

Ⅰ. G843

中国国家版本馆CIP数据核字第2025A3D355号

责任编辑：张占奎
装帧设计：陈国熙
责任校对：赵丽敏
责任印制：杨 艳

出版发行：清华大学出版社
网　　址：https://www.tup.com.cn，https://www.wqxuetang.com
地　　址：北京清华大学学研大厦A座　　邮　　编：100084
社 总 机：010-83470000　　邮　　购：010-62786544
投稿与读者服务：010-62776969，c-service@tup.tsinghua.edu.cn
质量反馈：010-62772015，zhiliang@tup.tsinghua.edu.cn

印 装 者：涿州市般润文化传播有限公司
经　　销：全国新华书店
开　　本：170mm×240mm　　印　　张：13.25　　字　　数：256 千字
版　　次：2025 年 1 月第 1 版　　印　　次：2025 年 1 月第 1 次印刷
定　　价：45.00 元

产品编号：065047-01

编委会

主编：

孙葆洁　葛惟昆　郭家良

编委：

许　斌　徐　旸　赖柳明

丁　力　陈小虎　丁　峰

卓金源　王鸣捷　卜芦笙

段再复　陈翔宇　卢　芃

前言

足球运动是一项让人们爱不释"脚"的运动。全世界约有28亿名足球运动爱好者,每逢世界杯、亚洲杯、意甲、英超、中超等足球赛事举办时,我们都能感受到球迷们对足球运动的热爱。这颗浓缩了喜、怒、哀、乐的小小的皮球,仿佛有一种魔力深深地吸引着人们。许多球迷都记得一个经典的时刻:2010年世界杯决赛,西班牙队与荷兰队的较量进入加时赛的最后时刻,西班牙球员伊涅斯塔接得来球准备射门的一瞬间,全场观众屏住呼吸,仿佛空气都凝固了。伊涅斯塔在亿万双眼睛的焦急注视下,展示出超人的勇气、自信、冷静与果敢,为全世界奉献了一粒凝聚着精神、智慧与技巧的精彩绝伦的进球,全场为之沸腾。进球后,伊涅斯塔脱掉运动衫,露出事先写在内衣上的文字:"将这个进球献给英年早逝的队友"。这发生在世界足球最高殿堂的温情一幕让无数人为之动容,也为足球运动中饱含的人文情怀镌刻了永恒的注脚。

为何足球有如此魅力,以至于深深吸引着全世界数以亿计的人们?下面这些足球中的元素或许可以带我们一探究竟。

1. 高超炫目的足球技巧

球员熟练掌握技巧,和足球之间建立起和谐的关系,自如地支配足球。足球好似球员身体的一部分,球随人走,人随球动。体现足球技巧之美的惊艳时刻数不胜数。例如:巴西球星罗纳尔迪尼奥的"甩牛尾"过人,超出了以往人们对过人技术的想象;罗纳尔多在西甲的一场比赛中从中场高速带球,冲破多名防守队员的围追堵截,防守队员甚至采用拉拽等犯规动作都无法阻止他破门得分;巴西的女足球员玛塔,在球场上像支配着球跳桑巴舞。足球场上球员们尽情地展现技巧,场边观众如痴如醉。

2. 克敌制胜的战术谋略

足球比赛中,战术是个人行动与集体的配合。球员每一步行动背后都需要快速缜密的思考,在面临各种复杂微妙的变化时,迅速做出决断。场上的11名球员不仅要向对方球门进攻,也要力保本方球门不失守;每个人各司其职,同时这11人行动起来又像是一个人。无穷无尽的战术变化时刻在绿茵场中上演。

3. 令人动容的体育精神

足球场不仅是球员展现精湛技术的"秀场",同时也是展示球员内在精神品质的舞台。足球是一项团队运动,球员为了团队的利益,在绿茵场上甘于奉献,协同配合,行动统一,体现了团队精神。与此同时,球员也通过足球运动诠释公平竞赛的体育精神。例如:在对方球队有球员受伤倒地时,控球一方通常会放弃进攻将球踢出边界;比赛恢复后,开球的一方也会将球再踢还给对方。

4. 令人窒息的攻防速度

当今世界最高水平的足球比赛中,攻防转换速度快得令人眼花缭乱。场上局势瞬息万变,跌宕起伏。踢满一场高水平的比赛,球员的平均活动距离常常超过10000m,要冲刺100次左右。在如此高强度的比赛中依然要保持心态平稳、体能充沛、头脑清醒,是极具挑战性的任务。

5. 全面综合的身体素质

足球能够全面展现运动员的速度、力量、灵敏、协调、耐力、柔韧等方面的身体素质。例如,2010年南非世界杯半决赛西班牙队对阵德国队的比赛中,西班牙队角球发出后,西班牙队后卫普约尔在数位人高马大的德国队球员的严密防守下高高跃起,仿佛直升机般悬停在空中,一头顶入了制胜球,展示出了他出众的弹跳滞空能力。又如,巴西后卫卡洛斯,可以踢出速度为140km/h的直接任意球,势不可当,令对手猝不及防。这些经典场面不禁让人赞叹:究竟是怎样强悍的身体素质,才能够做出这种高难度的身体动作,或是让球变成出膛的炮弹一般,快速飞向对方的球门?

6. 均衡健美的身体形态

足球运动员对身体各部位的锻炼较为均衡,容易塑造出匀称健美的体型,符合大众的审美需求。例如,许多足球运动员都为时尚杂志拍摄过写真,展现人体的艺术之美。

7. 直接激烈的身体对抗

足球运动规则在一定范围内允许身体对抗,且对抗非常直接和频繁,常常出现人仰马翻的场景。2010年南非世界杯决赛中,荷兰队前锋罗本和西班牙队后卫普约尔进行身体较量,后者在对抗中几乎悬在半空中。为了阻止罗本的进攻,普约尔做出了明显的犯规动作拉拽罗本,但罗本没有顺势倒下,而是继续带球突进。根据有利进攻的原则,在身体对抗中胜出的罗本继续带球突进射门,尽管最后没能进球,但也留下了一个十分精彩而经典的场面。

8. 运筹帷幄的教练员

如果说优秀球员是千里马，那么教练员就是伯乐，常常起到"点石成金"的作用。在足球场上，教练员是整支队伍的指挥官，在两军对垒时调兵遣将，运筹帷幄，处变不惊，胸有成竹。有时，教练员还会将独特的个性展示在观众面前，成为人们津津乐道的话题。例如，温文尔雅的"教授"温格，严厉沉稳的"爵爷"弗格森，狂放不羁的"狂人"穆里尼奥，都是绿茵场边引人注目的角色。

9. 秉公执法的裁判员

一场比赛能否顺利进行，和裁判员有着密切关系。裁判员水平的高低有时甚至能够影响到球队水平的发挥，进而影响比赛的质量和观赏性。优秀的裁判员秉公执法，为比赛创造公平、安全的环境；他们在激烈的足球场上应对球员真真假假、复杂多变的表现，去伪存真，明察秋毫；他们体能充沛，满场飞奔。裁判员是比赛的配角，但同时也是足球场上不可或缺的专业人士，同样具有魅力。

10. 痴情的球迷

球迷是足球运动发展最重要的动力之一，也是足球文化不可或缺的要素。球迷们在释放激情享受足球运动的同时，理智文明地对待胜负，对自己所钟爱的球队不离不弃，营造出高尚纯洁的足球文化。

11. 全方位的媒体盛宴

日新月异的媒体技术在足球运动中的运用，将身临其境般的视觉享受带给越来越多的人。例如，高速摄像机已经能够捕捉到球员在争顶头球时飞溅的汗珠。媒体机构对足球运动进行全方位深入细致的报道，让各类足球运动信息变得唾手可得，为人们关注这项运动的方式提供了更多的可能。

12. 不可预测的比赛结果

影响足球比赛胜负的因素非常多：比赛双方球员状态、教练员水准、裁判员水平的高低、场地设施条件、天气状况，以及来自观众、新闻媒体的压力等，这些因素都有可能影响比赛的结果。与此同时，足球运动又属于球类运动中得分较少的一种，这就使得比赛结果更加难以预料。即使比赛已经进入最后一分钟，也可能会出现石破天惊的进球

足球运动与科学

瞬间逆转局势,将整场比赛积累的情绪势能瞬间释放,让赛场内外每个人都获得难以忘怀的情感体验。这种戏剧性正是足球运动的最大魅力之一。

正是由于足球运动极强的魅力,如今已发展成了"世界第一运动",它的影响力早已超出单纯的竞技运动的范畴。在现代足球发源地英国及世界的其他许多地方,足球已经融入人们的生活,形成了多姿多彩的足球文化。在中国,足球也是一项具有深厚群众基础、受到社会广泛关注的运动。近年来,我们在"十三五"时期实现了全面建成小康社会的宏伟目标,我国社会的主要矛盾已经转化为人民日益增长的美好生活需要和不平衡不充分的发展之间的矛盾,足球事业在我国社会发展中扮演的角色和发挥的作用也随之变化。国家体育总局局长高志丹指出:"'三大球'要搞上去,这是一个体育强国的标志";《体育总局关于开展全国足球发展重点城市建设工作的指导意见》提出:"到2035年,足球成为我国建成体育强国的标志性事业"。这些国家最高层面提纲挈领的方针表明了新时代我国足球事业是建设体育强国、实现中华民族伟大复兴中国梦的重要一环。与此同时,足球也是新时代满足人民美好生活需要、促进全民健身计划开展、推进精神文明建设的重要抓手,"大力发展'三大球'运动,推动县域足球推广普及"的举措被写进《全民健身计划(2021—2025年)》文件中。在新的历史征程中,足球必将为我国人民欣欣向荣的美好生活增色添彩,成为大众文化新的源泉。

足球这项运动能给亲身参与者和观赏者带来美的享受;与此同时,足球运动所包含的丰富元素,也足以使其成为一门包罗万象的学科。2014年,我们在学堂在线网络平台推出了国内第一门体育类MOOC——足球运动与科学,向广大足球爱好者普及足球的魅力与科学知识。您正在阅读的这本书,是由我们在课程内容的基础上扩充而来,也可以看作是这门同名网络课程的教材。我们在书中对应的位置也附上了网络课的内容链接,供感兴趣的读者参考。

此外,我们还请清华大学男子足球队的同学们录制了一些足球技术动作视频,感兴趣的读者也可以通过扫描书中的二维码观看。在此,我们特别感谢学堂在线、清华大学男子足球队以及社会各界在本书成书过程中给予的大力支持和帮助。总之,通过本书,我们希望为您提供一个观察这项运动的全新视角,一起科学地认识足球这项运动。与此同时,我们也希望从人文的角度出发,将足球文化与情怀融入严谨的科学思维中,让读者充分享受足球带来的快乐。

《足球运动与科学》编委会
2024年10月

目录

第1章 足球运动的起源与发展　　1

1.1 蹴鞠：足球运动的起源 …… 2
1.2 现代足球运动的诞生 …… 4
1.3 现代足球运动在中国的兴起与发展 …… 5
1.4 现代足球运动发展特征 …… 8

第2章 足球技术　　13

2.1 足球技术的概念 …… 14
2.2 踢球技术 …… 14
2.3 接球技术 …… 21
2.4 运球技术 …… 33
2.5 头顶球技术 …… 36
2.6 抢截球技术 …… 41
2.7 掷界外球技术 …… 44
2.8 守门员技术 …… 46
2.9 假动作技术 …… 48
2.10 无球技术 …… 50

第3章 足球战术　　51

3.1 足球战术的概念和分类 …… 52
3.2 足球战术原则 …… 52
3.3 进攻战术 …… 54
3.4 防守战术 …… 69
3.5 攻守转换中的战术执行 …… 79
3.6 足球比赛的阵型 …… 80

3.7　足球意识 82
  3.8　教练员的临场指挥 83
  3.9　现代足球运动竞技能力发展特点 84

第4章　足球竞赛规则　87

  4.1　足球竞赛规则的诞生 88
  4.2　比赛场地 90
  4.3　比赛用球与球员装备 92
  4.4　比赛人员 94
  4.5　比赛流程 99
  4.6　犯规与不正当行为及其处罚 102
  4.7　定位球 105
  4.8　越位规则 109

第5章　足球运动的物理规律　113

  5.1　足球是一门科学 114
  5.2　足球之"球" 115
  5.3　香蕉球和落叶球 116
  5.4　电梯球 122
  5.5　"时空感"与"大局观" 125

第6章　足球运动的统计学　129

  6.1　统计学在足球运动中的应用 130
  6.2　球员数量与控球时间 131
  6.3　点球的进球概率 132
  6.4　布朗运动 134
  6.5　赢球统计学 134

第7章　足球运动中的人体科学　145

  7.1　运动人体科学概述 146
  7.2　足球运动中的体能 146
  7.3　足球运动中的骨骼肌机能 151

7.4	足球运动中的能量代谢机能	152
7.5	足球运动中的心血管机能	156
7.6	足球运动中的感觉机能	157
7.7	足球运动中的呼吸机能	157

第8章　足球运动中的心理学　　161

8.1	足球运动中的压力	162
8.2	焦虑情绪与运动表现的关系	167
8.3	足球运动员的压力反应特征和心理训练	170

第9章　足球运动损伤　　173

9.1	足球运动损伤概述	174
9.2	足球运动损伤发生的原因	174
9.3	常见运动损伤的处理措施	176
9.4	运动损伤的治疗原则	177
9.5	运动损伤的预防措施	178

第10章　足球的社会意义和人文价值　　181

10.1	足球的人文社会科学视野	182
10.2	足球的人文价值	183
10.3	足球运动中的体育精神	184
10.4	足球与教育	185
10.5	足球文化	187
10.6	足球的哲学	187
10.7	足球经济	190

结语　　193

参考文献　　195

第 1 章
足球运动的起源与发展

1.1 蹴鞠：足球运动的起源

说起足球这项广受世界人民喜爱的运动之起源，很多人的第一印象也许会是：这是一项来自西方的运动。然而，关于"用脚踢球"这种运动形式公认的最早记载出现在华夏文明的浩瀚历史中。因此，关于足球的起源论，我们从广义的"足球"运动和"现代足球"两个角度来认识和探讨。

在本节中，我们首先从广义的"足球"运动角度，一起追寻历史的脚步，寻找这项迷人运动的源头。不断有考古研究显示，这项用脚来踢球的运动在华夏大地上的历史源远流长。我国考古工作者在1954—1955年，曾经两次在西安半坡村的古墓葬中发现了大小不等的石球。考古学家认为，这些出土了石球的墓葬属于新石器时代晚期的仰韶文化，距今已有5000年以上的历史了。用石球作殉葬品，说明它在当时人们的生活中已经比较常见。那么，这种石球是干什么用的呢？经过考古学家们的考证和研究，推测石球很可能是一种用来踢的儿童玩具。直到今天，我们仍然能够看到使用形似这些远古石球的工具进行嬉戏的活动——在我国河北省保定市涞水县一带，踢石球仍作为一项传统的体育活动活跃在人们的生活中。

石球的具体作用只是考古学家们的推测。而最早有史料记载的足球运动出现在我国战国时代（公元前475—前221）的山东临淄。在《史记·苏秦列传》中有如下描述："临淄甚富而实，其民无不吹竽、鼓瑟、击筑、弹琴、斗鸡、走犬、六博、蹋鞠。"其中，"蹋"的意思是踢，"鞠"的意思是球。这种运动在今天以"蹴鞠"之名被人们所熟知。

汉代时，蹴鞠不仅在民间、宫廷中流行，同时在军队中它也被当作一种军事训练的手段。汉代蹴鞠竞技性强，并且发展出了竞赛规则和计胜方式，还有专用场地，叫作"鞠城"。"鞠城"是有围墙的方形场地，每方有6个球洞，参加比赛的双方每队12人。当时，蹴鞠用球也有了一定的规范，为4片皮缝制、内部填充毛发等纤维状物的实心球，被称为"毛丸"。汉代还出现了关于蹴鞠的专业书籍《蹴鞠二十五篇》，被认为是世界范围内最早的体育专业书籍之一。

西汉时期的项处是有史可查的第一个狂热"足球迷"。在《史记·扁鹊仓公列传》中记载："处后蹴踘，要蹶寒，汗出多，即呕血。"讲的是名医淳于意（也就是"仓公"）为一个叫项处的人看病，叫他不要过度劳累，但项处不听，仍然外出踢球，最后呕血身亡。

到了唐代，蹴鞠得到了进一步发展。首先，蹴鞠的场地上有了球门；球也改进为使用8片皮缝制，用动物的膀胱做内胆充气，有诗为证：

> 八片尖裁浪作球，
> 火中燸了水中揉。
> 一包闲气如长在，
> 惹踢招拳卒未休。
>
> 唐·归氏子，《答日休皮字诗》

同时，蹴鞠的场地形式也更多样化，有的球门在场地两边，有的球门在场地中间，蹴鞠规则更加灵活丰富。此外，蹴鞠场上还出现了女性球员的身影。

蹴鞠在宋代同样兴盛，并且制造球的工艺也有了进一步的提高，由8片皮缝制改进为12片皮缝制，球体也变得更为圆润。当时蹴鞠球的质量约为370g，已经很接近现代足球的质量（420～445g）。在南宋时期，踢球艺人还组织了自己的团体——"齐云社"，又称"圆社"。这个专事蹴鞠活动的比赛和宣传推广的组织，可以说是我国最早的"足球俱乐部"，比最早的现代足球俱乐部——谢菲尔德足球俱乐部的诞生早了至少600年。北宋时期的高俅就出身于圆社，据《挥尘后录》记载，高俅球技高超，因陪侍宋徽宗踢球，被提拔当了殿前都指挥使。可以说，高俅是中国古代最早的"著名球星"之一。

浩如烟海的史料中，不仅记载了最早的"球迷"、最早的"球星"，甚至还有最早的足球"首发名单"。南宋《武林旧事》曾列出了"筑球三十二人"竞赛时两队的名单与位置："左军一十六人：球头张俊、跷球王怜、正挟朱选、头挟施泽、左竿网丁诠、右竿网张林、散立胡椿等；右军一十六人：球头李正、跷球朱珍、正挟朱选、副挟张宁、左竿网徐宾、右竿网王用、散立陈俊等。"

到了元、明时期，蹴鞠的发展潮流相较于前朝更为讲究技术性，而竞争性大幅下降，成为某种意义上的"花式足球"。曾经甚为流行的军队足球也因被明太祖朱元璋认为是"玩物丧志"而被禁止。随着儒学文化对我国封建社会的进一步影响，儒家提倡的等级制思想和重文轻体的倾向，与体育比赛的竞争内核相左，促使蹴鞠中的竞技元素不断淡化。蹴鞠逐渐演变成了一种在音乐伴奏下进行的、没有门的颠球游戏。

进入清朝后，统治者以明朝为鉴，为防止贵族与官吏因玩乐荒废政事而全面禁止了蹴鞠。爱好滑冰的满族人曾将蹴鞠与滑冰结合起来，出现了"冰上蹴鞠"的运动形式，但仍无法阻止蹴鞠这一传统的游戏项目逐渐式微。跨越数千年历史的"蹴鞠"与人们的日常生活和娱乐渐行渐远，最终从炎黄子孙的生活中消失了。

丰富的史料、清晰的脉络，印证了广义上的足球运动是在我国起源。2004年7月15日，在第三届中国国际足球博览会上，国际足联和亚足联一致认同：世界足球运动的起源是中国山东省淄博市临淄地区的蹴鞠。2005年5月21日，时任国际足联主席布拉特在

足球运动的起源与发展

①
这套足球竞赛规则（laws of the game）的初稿（draft）包括14条规则，经审议修改后正式出版的版本中改为13条。

国际足联总部向临淄颁发了足球起源地认证纪念牌。

1.2 现代足球运动的诞生

古老的蹴鞠最终消亡在了神州大地漫长的历史长河中，但在地球另一端，现代足球的诞生揭开了足球运动历史的又一篇章。

现代足球运动起源于英国。事实上，这项运动在西方的历史也可以追溯到几百年前。据史料记载，在中世纪的英国便有了类似今天的足球活动。12世纪初，英国开始有了足球赛。比赛在街巷中进行，两队为争取胜利常常缠斗、厮打，皮球所到之处阻碍交通，毁坏财物。这样具有破坏性的球赛遭到部分市民的强烈反对，在1314年被官方法令所禁止。但是由于人们对于这项运动的热爱，足球赛在民间一直屡禁不止。1603年，英国国王詹姆斯取消了这项禁令，重新允许开展足球活动。在1838—1848年，牛津大学和剑桥大学的球队之间的比赛促生了现代足球运动的第一个成文的规则——《剑桥规则》。《剑桥规则》规定每队有11个人进行比赛，这是因为那时学校里每个宿舍住有10位学生和1位教师，而比赛是以宿舍为单位开展的。这一由当时的惯例而来的足球运动规则一直延续至今。

1863年10月26日，世界上第一个正式的现代足球组织——英格兰足球总会（Football Association, FA）在英国伦敦成立，该协会还颁布了一套包含13个条款的足球规则①，形成了现今足球规则的基础。从此，在正式比赛规则规范下的足球运动开始从英国传遍欧洲、走向世界。各地的足球俱乐部如雨后春笋般纷纷建立，其中包括许多我们耳熟能详、历史悠久的俱乐部，如曼彻斯特联足球俱乐部（创立于1878年）、阿森纳足球俱乐部（创立于1886年）、巴塞罗那足球俱乐部（创立于1899年）。

自诞生之后，现代足球快速成长为一项大众体育运动。在1896年举办的第一届奥运会上，足球就被列为比赛项目之一。在决赛中，丹麦队以9∶0战胜希腊队，成为奥运会足球比赛的第一个冠军。从1900年的第二届奥运会开始，足球被列为奥运会正式比赛项目，但不允许职业运动员参加。1904年5月21日，英国、法国、荷兰、比利时、西班牙、瑞典和瑞士7个国家的足球协会在法国召开会议，成立了国际足球联合会（Fédération Internationale de Football Association，FIFA，简称国际足联）。1928年，国际足联在荷兰首都阿姆斯特丹举行会议，决定每4年举行一届以国家队为参赛单位的世界性足球比赛，也就是现今最有影响力的体育赛事之一的足球世界杯。1930年，第一届世界杯足球赛在乌拉圭举办。

19世纪末，英国便出现了女子足球队，历史上第一场正式的女足比赛于1894年3月23日在伦敦举行。此后，各国之间的女子足球比赛也逐步开展起来。1991年，我国举办了第一届世界女子足球锦标赛，为世界女子足球运动的发展作出了历史性的贡献。

1.3 现代足球运动在中国的兴起与发展

1.3.1 现代足球运动在中国的兴起

19世纪中叶，现代足球由英国人经中国香港传入内地。在中国香港的教会学校中，华人学生开始模仿英国人踢足球，足球运动逐渐在香港发展起来。足球传入香港之后，又通过传教士进入广东的教会学校，继而在内地开枝散叶。据《五华县志》记载：清同治十二年（1873年），梅州五华县的元坑中书馆（一所当时的中学）将足球列为一门体育课程教授。1895年，圣约翰书院成立了上海第一支足球队。1898年2月，英国传教士山雅各在厦门鼓浪屿创办英华书院，初期虽未设体育课程，但在课外活动中开展足球运动，还成立了英华足球队。随后，足球运动从教会学校扩散到了更多校园中，例如：1881年，北洋水师学堂的体育课开始设有足球项目；1911年，清华大学成立了足球队。1908年，我国现代足球运动的第一个组织——南华足球会成立。同年，上海和香港两地共同发起并举办埠际足球比赛，这也是我国最早的城市间足球比赛。1910年10月18日，第一届全国运动会在南京洋劝业场举行，足球是大会的比赛项目之一。我国曾先后于1936年和1948年两次派队参加奥运会足球比赛。

新中国成立前，在中国共产党领导下的革命根据地和解放区，各地军民在条件非常艰苦的情况下坚持开展各种体育活动。1933年5月30日，在江西革命根据地举行的"五卅"运动会上就有足球比赛。同年举行的"八一"运动会也把足球列为比赛项目之一。1942年，在党中央直接领导下，延安革命根据地举行了一次规模盛大的"九一"扩大运动会，大会把足球等13个项目列为表演项目。在运动会后，延安体育会又举办了足球联赛，参加比赛的单位有中央党校、中央印刷厂、延安华侨委员会，以及边区政府机关和延安大学等。

1.3.2 中国男子足球运动的发展

1949年中华人民共和国成立后，我国的足球运动在党和国家的关怀下蓬勃发展起来。首先发展起来的是男子足球，1951年，新中国首次举行了男子足球的全国比赛。1955年年初，中国足球协会成立。从1956年起，全国足球联赛实行甲、乙级队联赛制度，并规定了升降级规则；与此同时，足球运动员、裁判员的等级制度也逐步建立起来。1957年，国家体育运动委员会（简称国家体委——现改组为国家体育总局）对全国足球竞赛制度做了新的补充，确定甲级参赛队数量为12支，乙级参赛队数量为34支。同年，国家体委在全国竞赛计划中安排了少年足球比赛。

随着足球运动在神州大地上如火如荼地开展，我国足球在国际比赛中也屡获佳绩：1976年，中国国家男子足球队（简称中国男足）参加第六届足球亚洲杯获得季军；1978年，中国男足参加第八届亚运会足球比赛再次获得季军；在1984第八届亚洲杯上，中国男足荣获亚军；1992年，中国男足获得第十届亚洲杯季军。2002年，中国男足在韩日世界杯上创造了历史，首次打入世界杯决赛圈的比赛。2004年，第十三届亚洲杯在我国举行，这是我国第一次举办亚洲杯，当时的承办城市分别是北京、济南、成都和重庆。北京的工人体育场作为主会场，承办了中国男足的全部6场比赛。该届比赛上，中国男足在全国球迷的支持下一路披荆斩棘、奋勇拼搏闯入决赛，但在决赛中惜败日本队，屈居亚军。

1992年6月，中国足协在北京红山口召开会议，按照党和国家的指示精神，确定了以职业化为目标的足球改革方针。1994年，首届中国足球甲级A组联赛（甲A联赛）开赛，标志着我国足球运动迈入职业化时代。2015年3月，国务院审议通过了《中国足球改革发展总体方案》；同年7月，教育部等6部门颁布了《加快发展青少年校园足球的实施意见》（教体艺〔2015〕6号）。我们通过开展青少年校园足球活动来培育足球文化土壤，培养身心均衡发展的新一代祖国建设者。

1.3.3 中国女子足球运动的发展

20世纪20年代，我国一些沿海城市就出现了女子足球运动。1924年上海市私立两江女子体育师范学校成立了足球队，该队持续了约两年时间，后因大部分队员毕业而解散。20世纪30年代，广州中山大学附中及西北大学等学校也开展了女子足球运动。

中华人民共和国成立后，女子足球运动开始在全国各地兴起。1958年，广东梅县松口地区的中学就曾开展女子足球运动。20世纪60年代中期，香港足球总会专门成立了女子足球小组。60年代末，台湾省出现了女子足球运动，1976年12月成立的木兰女子足球队，在亚洲一直称雄到80年代中期。1979年，西安铁路一中和东方机械厂子弟学校的女子足球队相继成立，随后西安市和陕西省先后组建了女子足球队。1982年底，国家体委正式把女子足球纳入全国竞赛计划，并从1983年起每年举行一届全国女子足球锦标赛。随后，全国各地纷纷组建女子足球队，全国女子足球锦标赛单届比赛曾有多达38支队伍参加。1985年，女子足球以其广泛的群众基础和发展潜力，被列为1987年第六届全运会比赛项目。1989年，全国青年女子足球锦标赛的举办进一步推动了女子足球运动的发展。1988年，首都高校女子足球锦标赛在北京市举办，清华大学、北京大学等高校参赛。同年在山东蓬莱举行了全国大学生女子足球邀请赛。

我国的女足运动不仅是国内竞技场上的一道亮丽的风景线，更为世界女足的发展作出了卓越贡献。1988年6月，国际足联、亚足联和中国足协在广东省成功地举办了国际足联世界女子足球邀请赛，该比赛有来自五大洲12个国家和地区的女子足球队参赛，是当时世界女子足球最高水平的大赛。当届比赛上，挪威女足获得冠军，中国女足位居第四。此后，国际足联要求各大洲足联将女子足球的开展列入议程，为创立女足世界杯打下坚实的基础。1991年，我国成功举办了第一届女子足球世界杯，开创了世界女子足球的新纪元，中国女足在本届比赛中获得第五名。1993年9月20日，在摩纳哥蒙特卡洛召开的国际奥委会全会正式通过了将女子足球列为奥运会正式比赛项目的决议，进一步推动了女子足球在世界各地的开展。中国女足先后获得1995第二届女足世界杯的第四名和1996年亚特兰大奥运会亚军，随后又在1999年第三届女足世界杯中勇夺亚军。铿锵玫瑰在世界女子足球运动的最高舞台绽放，在全国掀起女子足球运动的热潮。

1.3.4 发展足球运动的意义

在物质生活日益丰富的今天，我国社会主要矛盾已经转化为人民日益增长的美好生活需要和不平衡不充分的发展之间的矛盾，精神文明建设在社会进步中的重要性日益凸显。足球在我国具有广大群众基础，在世界上享有"第一运动"盛誉，已然成为国家软实力的组成部分之一。发展足球运动是我国建设成为体育强国的题中应有之义，它对于增强全民体质、实现健康中国有着重要意义；同时，足球运动的发展还能够振奋民族精神，提振体育产业，助力中华民族伟大复兴事业。具体而言，中国发展足球运动的重要意义体现在以下几方面。

其一，足球运动的进步腾飞是老百姓心中中国梦的重要组成部分。党和国家高度重视足球运动的发展，足球运动能够成为国家软实力的载体，通过这个窗口将中华民族自立、自强的面貌呈现给世界人民，向世界宣告中华民族以一种英雄的气概、大国的胸怀、开放包容的态度、勇于接受挑战的精神屹立于世界民族之林。

其二，足球运动的进步能够成为体育强国的标志之一。足球运动是当今世界上影响力最大、受众最广的运动，在众多运动项目中独占鳌头。体育项目本身并无优劣贵贱之分，但竞技体育文化在当今时代的发展使得一些职业化程度高、观赏性强、人气旺的项目成为主流。世界公认的体育强国几乎都是足球强国，如德国、英国、法国、西班牙、意大利、俄罗斯、美国等。在主流的体育项目中展示竞争力，能够进一步提升我国在国际社会上的声望。

其三，广泛开展足球运动有利于全民身心素质的提高。足球运动是一项运动负荷较大，同时还包含社交属性的运动，对增强身体素质、促进身心愉悦有积极作用。党和国家提出健康中国、健康民族的伟大愿景，足球运动的普及有利于推动这一目标的实现。

其四，足球运动具有较高的商业价值。足球是当今世界上产值最高的体育项目，不仅创造了巨大的经济利益，还能够提供可观的就业岗位，并能与多种周边产业融合。从产业分类角度看，足球具有很强的第三产业属性，符合我国当前产业升级、转变发展方式的经济趋势。

当前，我国经过几十年的经济高速发展，已成为世界第二大经济体，为体育产业、足球产业的发展提供了肥沃的土壤。与此同时，我国人口众多，随着人民生活质量的不断提高，人民普遍具备较高的营养条件和身体素质，也为足球运动的发展创造了非常好的条件。相信在党和国家改革政策的引导下，通过足球文化的普及，足球行业的健康经营，中国足球一定会拥有硕果累累的未来。

1.4 现代足球运动发展特征

1.4.1 现代足球运动的特点

现代足球已走过100多年的历史，成为风靡全球的运动项目。尽管足球运动在世界各地的火爆程度、发展水平乃至足球风格都各不相同，但总体来看，当今世界足球运动的发展现状有以下几个特点。

1. 普及化

足球运动是所有运动单项中参与人数最多、普及程度最高的一项体育运动，这一点也反映在足球协会组织的数量上：全球有209个国家和地区的足球协会是国际足联的会员。在全球各大洲中，欧洲是足球普及程度最高的地区之一。以德国为例，根据德国足球协会2017年7月发布的统计数据，德国的男足、女足注册球员总数超过704万人；德国的总人口数约为8300万，相当于每12个德国人中就有一位是注册足球运动员。在这些注册运动员中，又有数千名球员脱颖而出，成为职业足球运动员。足球的普及，是发展职业足球的基础。

2. 职业化

现今，全世界的很多国家和地区都有职业足球联赛。在职业足球领域中，运动员能够以足球为生，教练员团队和各种保障团队为职业球员提供各类服务保障，有的职业联赛中还会成立职业联盟来对职业联赛进行专业管理。职业化的发展大大促进了足球竞技水平的提高。目前在世界范围内影响力较大的联赛主要集中在欧洲。例如，被称为"五大联赛"的英格兰足球超级联赛（英超）、西班牙足球甲级联赛（西甲）、德国足球甲级联赛（德甲）、意大利足球甲级联赛（意甲）和法国足球甲级联赛（法甲）。许多亚洲国家也先后建立了自己的职业联赛。例如：我国于1994年建立了职业足球联赛——甲A联赛，后改制为中国足球超级联赛（中超）；日本是亚洲最早建立职业联赛的国家之一，于1993年建立了职业联赛，称为J联赛。

3. 商业化

足球极强的吸引力和观赏性为这项运动带来了巨大的商业价值和盈利能力。足球产业的盈利模式较为广泛，产业链也较长，属于典型的高附加值产业。职业足球联赛和国际性的重大足球赛事创造了巨大的商业价值。据统计，英超联赛2016—2019赛季的海外转播版权收入总额超过32亿英镑。在2011—2014年的巴西世界杯周期中，国际足联共计实现营业收入约54.08亿美元。2018年世界杯在俄罗斯举办，据统计，2013—2018年，世界杯为俄罗斯带来的经济效益总额约为145亿美元（该届世界杯俄罗斯总投入约108亿美元），其中有约30亿美元收入直接来自世界杯赛期入俄罗斯的观赛游客。此外，2018年世界杯在筹备阶段每年为俄罗斯创造了31.5万个就业岗位；俄罗斯各地为举办世界杯修建和改造了许多体育设施，包括12座体育场和95个训练场。这些设施在世界杯结束后用于发展大众和专业体育事业，可谓是重要的"世界杯遗产"。

4. 全球化

全球化浪潮的到来带动了足球人才、足球资本在全球范围内的流动，全球化也成为当今世界足球，尤其是高水平职业足球发展的一个显著特征。根据著名足球研究机构"足球天文台"的统计，2021年留洋球员数量最多的国家前三名分别是巴西、法国和阿根廷,分别有1219名巴西球员、978名法国球员和815名阿根廷球员在国外联赛效力。英超联赛是足球人才国际化程度最高的职业足球联赛之一。据统计,英超球员中本土球员的比例不到40%,外籍(会籍)球员占据了大部分,其中比例较高的有来自法国、西班牙、巴西等国的球员(表1.1)。足球人才的国际化还体现在教练员岗位上。例如:德国人克洛普执教英超豪门利物浦队;葡萄牙人穆里尼奥在意甲的罗马队担任主教练;我国的中国超级联赛(中超)中也有多名外籍主教练。

表1.1 2021—2022赛季英超联赛部分球员会籍分布

会籍	球员 / 名
英格兰	195
法国	32
西班牙	30
巴西	21
葡萄牙	19
苏格兰	17
爱尔兰	15
荷兰	14
丹麦	12
比利时	12
德国	10
威尔士	10

除了足球人才的国际化,资本的国际化也是足球产业的显著特征之一,其中最常见的形式就是由外国资本收购某一国家的职业俱乐部。欧洲足球协会联盟(简称欧足联)相关数据显示,参加2020—2021赛季英超联赛的20支球队中,有16支球队的所有权属于外国投资者。例如,英超狼队的所有者是中国复星集团。

5. 技战术发展趋同化

足球在世界各个国家和地区的发展现状各不相同,也形成了各具特色的足球文化,但社会的全球化发展和交流的日益便捷正在消除不同地区间的壁垒,使得高水平足球的技战术发展出现了趋同化的趋势。当一种较为先进的足球理念或战术出现时,会在短时间内引起大范围的研究和模仿。这种"去差异化"的发展趋势究竟会进一步提高足球的技战术水平与观赏性,还是会造成足球风格的单调从而降低足球运动的吸引力,还有待时间的进一步检验。

1.4.2 现代足球运动发展的制约因素

无论从竞技层面还是产业层面而言,足球已经在全球范围内取得了巨大的成功。尽管如此,仍有一些问题制约了足球在当今世界的进一步发展。我们在这里做一些总结,权当抛砖引玉,供读者思考。

首先,职业足球联赛存在较大的"泡沫",威胁着职业联赛和俱乐部的财政健康。对于职业足球俱乐部而言,良好的竞技成绩带来可观的经济效益,更高的经济收益又能更好地支撑竞技成绩,构成了最基础的生存逻辑。但在一个联赛中,并不是所有的参与俱乐部都能够实现这种良好的正向循环,于是就会出现各俱乐部为了维持或提高成绩开展针对优秀球员的"军备竞赛",导致职业球员转会费水涨船高。在刚刚过去的10年中,球员转会费的飙升有加速趋势,这一点在顶级球员的转会费上体现得更为明显。例如:内马尔转会费为2.2亿欧元,姆巴佩转会费为1.8亿欧元,两笔天价转会费令人震惊。越来越高的球员身价使得俱乐部运营成本大幅度提高,对职业俱乐部和职业联赛的健康发展造成了很大的影响。如果任由转会市场的泡沫扩散到整个行业,足球将会产生高投入、低利润甚至赔本赚吆喝的行业风险。 近年来足球比赛的版权价值也体现出一定的泡沫性,越来越高的赛事版权费用令版权的购买方很难收回成本。事实上,保持职业足球联赛的财政健康有着鲜活的正面案例——在欧洲,德甲联赛是公认的财务要求最严格、最健康的联赛。每个赛季开始前,德甲各支参赛球队都需要将俱乐部详尽的财务数据上报德国足球职业联盟审核,无法通过审核的俱乐部将被剥夺参赛资格。在其制定的财务政策的要求和约束下,俱乐部也多采用量入为出的方式进行经营和交易,较少出现以高溢价购买球员的情况。

其次,职业足球俱乐部之间存在着较大的贫富差距,直接影响着职业联赛的质量和中小俱乐部的生存。一方面,如皇马、巴萨、曼城等俱乐部能够依靠其强大的影响力和购买力在全世界网罗优秀球员,从而在竞技实力上取得不可撼动的强势地位;另一方面,很多与豪门身处同一级别联赛的中小俱乐部却不得不依靠自己的青训、贩卖球员和有限的商业经营来艰难维持生存,球队实力很难在短时间内得到大幅度提升,更难以阻止豪门球队的"挖墙脚"行为。这种职业足球中的马太效应造成一些国家的职业联赛强弱分明,缺乏悬念,大多数冠军奖杯被某几支球队所垄断,降低了联赛的竞争性和吸引力。

当我们审视足球在世界范围内的发展现状时,还有一个不能忽视的问题就是足球运动在世界各地区之间发展的不均衡。由于经济发展水平、民族文化传统等因素影响,世界各国足球运动发展水平存在很大的差异。这一点通过世界上最高规格、最高竞技水平的足球赛事——世界杯的参赛情况便可以窥见：在至今已经举办的 22 届世界杯比赛中，仅有 8 个国家夺得过世界杯冠军，其中巴西获得过5次冠军，德国和意大利各获得过4 次冠军，阿根廷获得过3次冠军，法国和乌拉圭各获得过2次冠军，英格兰和西班牙各获得过1次冠军。如果以大洲为单位来看，世界杯90多年的历史中，冠军全部被欧洲和南美洲球队所垄断。要想突破这种中心化格局，促进足球在世界范围内的均衡发展，还需要持续不断的努力。

回顾历史，足球运动在其生命历程中不断经历革新和创造，这也是其经久不衰、保持生命力的关键所在。经历社会的变迁、文化的洗礼，足球运动一定能够在不断的适应与进化中持续绽放它独有的光芒。

第2章

足球技术

2.1 足球技术的概念

足球技术指队员在比赛中为完成攻、守任务，在有球（或称"结合球"）和无球状态下所采用的各种合理、有效的身体动作和方法。

足球技术是完成比赛目标的基本保证。足球比赛发展到今天，攻防转换快速，对抗激烈，这就对足球技术提出了更高的要求。是否能够在有压力的环境下（而非轻松的练习环境下）快速、准确地完成技术动作，是检验运动员是否掌握足球技术的真正标准。

一名运动员技术动作的发展会经历泛化阶段、分化阶段、自动化阶段等3个互相联系的进阶过程。技术动作逐渐由生疏到熟练，再到实战比赛中合理、巧妙、灵活地运用，需要经过大量的日常训练和比赛实践的反复磨炼。

相较于篮球、排球等用手来支配球的运动项目，用脚来支配球的足球技术更加难以掌握。具体而言，手和脚在支配球方面的区别体现在以下几方面。

（1）手和脚的功能职责不同。手通过运用拿、抓等动作可以完成许多复杂的工作，如：医生用手操作手术刀为患者去除病灶，工人师傅用手操作大型机器设备进行工业生产等；而脚主要用来行走和保持身体的平衡、稳定，不容易实现精细的动作。

（2）手可以做对掌运动。对掌运动指拇指尖的掌面和其他各指的掌面相接触的运动，通过拇指和其余四指的对掌运动，手掌可以形成一个凹形，容易控制物体。而足部却不能做这样的动作，对物体的支配能力比较有限。

（3）大脑皮质中控制手和脚的神经元数量不同。大脑皮质中控制手和五指的区域面积，相当于控制整个下肢所占的区域面积，用于控制手的神经元的数量是控制腿的神经元数量的千倍。这也是手对物体支配能力更强的重要原因。

通过上面的介绍，相信您对足球技术的特点和难度有了初步的认识。在比赛中，队员时而处于有球状态，运用各种结合球的技术动作完成攻、防任务；时而在无球状态下，为了争得时空优势，使用摆脱、急转、急停等无球技术动作。有球和无球两种状态及运用技术的不同目的，构成了复杂多变的足球技术。

2.2 踢球技术

有球技术指比赛中各种结合球的攻、守技术动作，包括踢球、接球、头顶球、运球、抢截球、掷界外球、假动作和守门员技术等。其中，踢球技术是最基础的有球技术。踢球技术指队员用脚将球踢向目标的技术动作。在足球比赛中，无论是进攻中的短传、长传、射门，还是防守中的大脚解围，都是由踢球动作来完成的。2018年世界杯统计数据显示，各队平均每场比赛传球次数为451次，传球成功率为81.2%；其中场均传球次数最多的是西班牙队，达到857.5次，传球成功率为91%。可见，在各项足球技术中，踢球是使用频率最高的一项基本技术动作。

踢球技术

踢球的方法有多种，动作要领也不尽相同。但踢球的动作一般可以分解为助跑、支撑脚的站位、踢球腿的摆动、击球、踢球后的随摆等环节。

1. 助跑

助跑的作用是调整人和球之间的位置关系，以便于更好地发力。助跑动作的构成要素：首先是助跑的方向，这一点主要与采用何种踢球动作有关。其次是助跑的距离，它与随后击球的力量相关。一般情况下助跑距离越长，击球力量越大；反之亦然。当然，在比赛中由于拼抢激烈、防守紧凑，队员往往没有充足的助跑时间和空间，因此需要灵活地调整助跑的距离和方向。

2. 支撑脚的站位

正确的支撑脚的站位可以使踢球脚能够接触到球的准确部位；同时，作为支撑点来维持身体平衡和制动。支撑脚的站位要素包括支撑脚的落位和脚尖的指向等。

3. 踢球腿的摆动

踢球腿的摆动是影响踢球力量大小的主要因素，同时对踢球的准确性也有一定影响。踢球腿的摆动要素包括踢球腿在触球前的摆动过程、触球时的摆动轨迹和发力顺序等。

4. 击球

用脚击球时，使用脚的不同部位及选择不同的击球点，对踢出球的力量、高度、旋转及准确性有很大影响。击球动作的构成要素主要包括使用脚的部位、击球的部位和脚部形状的控制等。

5. 踢球后的随摆

踢球后的随摆动作的主要作用是缓冲踢球腿前摆的惯性，从而维持身体平衡，为接下来的行动做好准备。

当然，在比赛中并不是每一次踢球都必须完整地包括上述的5个要点。例如：有个别队员在踢点球时并不助跑，目的是不让守门员通过助跑判断出罚球的运动方向；在撞墙式配合中，做墙队员常常采用敲击式动作，没有随摆动作。

上面介绍了踢球动作中可能影响足球运动轨迹的各种技术要素。其中，结合球技术中最基本的变化，来自击球时所使用的脚的不同部位。具体而言，足球比赛中常用的踢球方法包括脚内侧踢球、脚背正面踢球、脚背内侧踢球和脚背外侧踢球等。这几类踢球方法所使用的脚的部位及其解剖学结构如图2.1和表2.1所示。

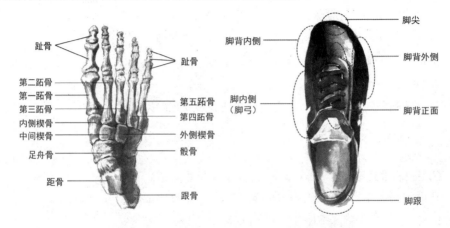

图2.1 足部（右足）骨骼解剖结构及击球部位示意图

表2.1 足部骨骼解剖结构及击球部位的对应关系

击球的脚的部位	对应的解剖学结构
脚内侧踢球	趾骨、内侧楔骨、足舟骨和跟骨
脚背内侧踢球	楔骨和跖骨
脚背正面踢球	楔骨、跖骨和趾骨
脚背外侧踢球	第三、四、五跖骨

2.2.1 脚内侧踢球

脚内侧踢球也称脚弓踢球。运用脚内侧踢球时，脚接触球的面积大，踢出的球运行平稳、准确；但与此同时，踢球腿摆动的幅度和力度受到限制，击球力量较小，球的运行距离相对较短。因此，脚内侧踢球多用在短传或近距离射门中。

 **动作要领**

直线助跑,助跑方向和出球方向一致。支撑脚踏在球的侧方10～15cm处,脚尖正对出球方向,支撑腿膝关节微屈。在支撑脚着地时,踢球腿以髋关节为轴,大腿带动小腿由后向前摆动,在前摆的过程中膝关节弯曲,大腿外展,当膝关节的摆动接近球的正上方时,小腿加速前摆,此时踢球脚内侧部位与出球方向垂直,脚底与地面平行,脚尖稍微翘起,使踝关节适度紧张并使脚形固定(即所谓的"锁死踝关节"),用脚内侧部位击球的后中部,击球后踢球腿随前摆动。脚内侧踢球动作示意图如图2.2所示。

图2.2 脚内侧踢球技术示意图

脚内侧踢球

脚内侧踢球又可细分为平推式和敲击式,两者的区别在于踢球腿在踢球后是否有随摆动作。平推式是在脚内侧踢球之后踢球腿随前摆动,踢出球的距离相对较远;敲击式是在脚内侧踢球之后踢球腿几乎没有随摆动作，主要借助球的反弹将球踢出，动作幅度更小、踢出的球速更快。敲击式的脚内侧踢球多用于撞墙式配合中。

2.2.2 脚背内侧踢球

脚背内侧踢球的特点是摆动腿的运动幅度大、速度快，便于发力，多用在中、长传球及射门中。队员还可通过控制踢球腿摆动方向和击球点，使球的运行轨迹产生变化，从而踢出地滚球、半高球、过顶球、直线球和弧线球等。

动作要领

斜线助跑，助跑方向与出球方向的延长线呈约成45°夹角。支撑脚踏在球的侧后方25~30cm处，膝关节微屈，脚尖指向出球方向，身体重心稍倾向支撑脚一侧。在支撑脚着地的同时踢球腿以髋关节为轴，大腿带动小腿由后向前摆动。当踢球腿的膝关节摆动到球的上方时，小腿加速前摆，同时脚背绷展，脚趾下扣，脚尖指向斜下方，脚背稍向内转，以脚背内侧部位踢球的后中部（如果击球点为后中下部，则为半高球或过顶球）。踢球后踢球腿随前摆动。脚背内侧踢地滚球和半高球技术示意图如图2.3和图2.4所示。

2.2.3 脚背正面踢球

脚背正面踢球也具有摆动腿幅度大、速度快的特点，且更加便于发力，击球力量更大，常用在大力射门等情况下。

动作要领

直线助跑。支撑脚踏在球的侧方10~15cm处，脚尖指向出球方向，膝关节微屈。摆动腿以髋关节为轴，大腿带动小腿摆动。当膝关节摆到球的上方时，小腿加速前摆，脚背绷直，脚趾下扣。以脚背正面踢球的后中部，踢球后踢球腿随前摆动。脚背正面踢球技术示意图如图2.5所示。

第❷章 足球技术

图2.3 脚背内侧踢地滚球技术示意图

脚背内侧踢地滚球

图2.4 脚背内侧踢半高球技术示意图

脚背内侧踢半高球

足球运动与科学

脚背正面踢球

图2.5　脚背正面踢球技术示意图

2.2.4　脚背外侧踢球

脚背外侧踢球的运用十分灵活。在短传时运用该技术动作，踢球腿摆动幅度小，加之踝关节转动灵活，使得传球具有一定的隐蔽性。在长传球或射门时，也可运用脚背外侧踢球，通过改变摆腿的路线、角度和击球点的位置踢出各种效果的弧线球。

⚽ **动作要领**

直线助跑，支撑脚踏在球侧方10～15cm处，脚尖指向出球方向，膝关节微屈。在支撑脚前跨的同时，踢球腿以髋关节为轴大腿带动小腿摆动。当膝关节摆到球的上方时，小腿加速前摆，脚尖适度内转，脚背绷直，脚趾下扣，以脚背外侧踢球的后中部（如需踢弧线球时，则应踢球的内侧部位）。踢球后踢球腿随前摆动。脚背外侧踢球技术示意图如图2.6所示。

图2.6 脚背外侧踢球技术示意图

脚背外侧踢球

2.3 接球技术

接球技术指队员运用身体的合理部位，将来球停控在所需要位置上的技术动作，也称"停球"。接球技术也是非常基础和常用的有球技术之一。队员个体接球技术水平的高低，直接影响着全队配合的质量。

常用的接球部位有脚内侧、脚背外侧、脚背正面、脚掌、大腿和胸部等。依据来球的轨迹，又可分为接地滚球、空中球和反弹球。接球技术动作可以分解为以下几个要点。

接球技术

1. 决策

接球之前考虑好下一步行动的需要，不要等球到脚下再做决定。

2. 判断

准确判断来球路线、速度等。调整步伐，移动到正确的位置上接球。

3. 缓冲来球力量

采用迎撤、下切、推拨等动作，使运行着的球减速和改变方向。

4. 重心跟进

接球后身体重心要快速随球移动，以保证自己能够先于对手处理球。

下面，我们按照不同的接球部位和来球轨迹具体介绍各种接球方法。

2.3.1 脚内侧接球

脚内侧接球所使用的脚的部位，同踢球技术中的脚内侧踢球相一致。脚内侧接球的特点是脚触球的面积大，动作较简单，接球平稳。该技术动作常用于接地滚球、反弹球和空中球。在高水平的足球比赛中，队员大量采用的脚内侧接球变向及接球转身技术都是在脚内侧接球的基础上发展而来的。脚内侧接球变向技术是通过支撑脚以前脚掌为轴向接球方向转动，同时接触球的不同部位来改变球的运行方向。脚内侧接球转身技术是支撑脚以前脚掌为轴向接球方向转动，同时接球腿屈膝外展，在球即将接触到脚时后撤，将球引向身体后方，身体重心迅速跟进。

1. 脚内侧接地滚球

动作要领

判断来球的路线、速度，支撑脚踏在球运行路线的侧方，膝关节微屈。接球腿提起，膝关节弯曲，大腿外展，脚尖微翘，脚底与地面平行。来球之前接球脚的内侧正对来球并前迎，当脚内侧与球即将接触时采用后撤，缓冲来球力量，将球接控到下一步需要的位置上，身体迅速跟进。相关动作如图2.7所示。

脚内侧接地滚球

图2.7 脚内侧接地滚球技术示意图

2. 脚内侧接反弹球

判断好球的落点，支撑脚踏在球落点的侧前方，支撑腿膝关节微屈，身体重心在支撑腿上，接球腿抬起，膝关节弯曲，脚尖微翘，脚内侧正对球的反弹路线，当球落地反弹刚离开地面时，身体重心向球运行的方向移动，用脚内侧部位轻触球的后中上部，将球接到下一步行动需要的位置，身体迅速跟上。另外需要注意，在使用脚内侧接反弹球时，支撑脚的选位及脚内侧触球部位的不同，可以使球接向不同方向。相关动作如图2.8所示。

足球运动与科学

脚内侧接反弹球

图2.8 脚内侧接反弹球技术示意图

3. 脚内侧接空中球

根据来球的速度及运行轨迹，选择支撑脚的位置，支撑腿膝关节微屈。接球腿屈膝抬起、脚尖微翘，脚内侧部位对准来球的方向前迎，脚在接触球的一瞬间后撤，在后撤的过程中接触球。后撤动作的速度取决于来球的速度和力量，来球力量大、速度快，则后撤速度要快，反之则慢。将球接在所需的位置上，身体随球移动。相关动作如图2.9所示。

脚内侧接空中球

图2.9　脚内侧接空中球技术示意图

2.3.2　脚背外侧接球

脚背外侧接球所使用的脚的部位，同踢球技术中的脚背外侧踢球相一致。该技术动作常用于接球变向的连贯动作中，与假动作相结合能够达到令对手难以预判接球人行动的效果。脚背外侧常用于接地滚球和反弹球。

1. 脚背外侧接地滚球

动作要领

判断好来球路线和速度，支撑腿踏在球的运行路线的侧

方，膝关节微屈，接球腿提起屈膝，脚尖内收，使脚背外侧对着接球后球运行的方向。当球即将接触脚时，用脚背外侧部位轻拨球的相应部位，把球接向预定的方向，同时身体随球移动。相关动作如图2.10所示。

脚背外侧接地滚球

图2.10　脚背外侧接地滚球技术示意图

2. 脚背外侧接反弹球

动作要领

判断好来球的落点，支撑脚踏在球落点的侧后方，膝关节弯曲，接球脚提起，小腿和脚尖内收，使其与地面形成夹角。当球落地反弹刚离开地面时，用脚背外侧部位轻触球的侧中上部，将球接到体侧，身体移动跟进。相关动作如图2.11所示。

脚背外侧接反弹球

图2.11 脚背外侧接反弹球技术示意图

2.3.3 脚背正面接球

脚背正面接球所使用的脚的部位，同踢球技术中的脚背正面踢球相一致。该技术动作大多用于接抛射角度大的空中下落球。

 动作要领

判断球的落点、速度。选好支撑腿的位置，重心在支撑腿上，支撑腿稍屈。接球腿屈膝抬起，上迎下落的球，当球与脚面接触的一瞬间，接球脚下撤，在下撤中用脚背正面触球，以此缓冲来球的力量并将球接到需要的位置上，身体迅速随球移动。相关动作如图2.12所示。

足球运动与科学

脚背正面接球

图2.12 脚背正面接球技术示意图

2.3.4 脚掌接球

脚掌接球是各种接球技术动作中相对便于掌握的一种,对于初学者来说技术难度低。该技术动作常用来接地滚球和反弹球。

1. 脚掌接地滚球

判断来球路线,身体正对来球,支撑脚踏在球的侧后方,

膝关节微屈，重心在支撑腿上。接球腿提起，膝关节微屈，脚尖稍上翘使前脚掌正对来球，在触球一刹那前脚掌用合适的力量触及球的后中上部，将球接到需要的位置，身体随球跟进。

2. 脚掌接反弹球

判断来球路线和落点，支撑脚踏在球落点的侧后方，膝关节弯曲。停球腿屈膝提起，脚尖稍上翘，当球落地反弹刚离开地面时，用前脚掌触球的后中上部，触球力量适中，将球接到需要的位置，身体随球移动。

2.3.5 大腿接球

大腿接球技术一般用于接空中下落球或是与大腿高度相当的（空中）低平球。

1. 大腿接空中下落球

判断来球路线、落点，选好支撑腿的位置。接球腿屈膝抬起，当球与大腿中部接触的瞬间大腿下撤，在下撤的过程中触球，将球接到需要的位置上，身体随球移动跟进。

2. 大腿接低平球

判断来球路线，选好支撑腿的位置。接球腿屈膝前迎，当球与大腿中部接触的瞬间大腿后撤，在后撤的过程中触球，将球接到需要的位置上，身体随球移动跟进。相关动作如图2.13所示。

大腿接低平球

图2.13 大腿接低平球技术示意图

2.3.6 胸部接球

人的胸部面积大，并具有一定的肌肉，适合用于接球。胸部接球技术适用于接胸部高度的空中球。具体而言，胸部接球又可以分为挺胸式接球和缩胸式接球两种方式。挺胸式接球多用于接有一定抛射角度的空中球；缩胸式接球多用于接齐胸高的平直球。

1. 挺胸式胸部接球

 **动作要领**

判断来球路线和落点，选好接球的位置，身体正对来球，两腿前后开立或左右开立，膝关节微曲，两臂自然弯曲放置在体侧，上体稍后仰。当球运行到即将与胸部接触时，胸部适当上挺，使球改变方向，向上适度弹起，缓冲来球力量，将球控制在需要的位置，身体迅速跟进。相关动作如图2.14所示。

图2.14 挺胸式胸部接球技术示意图

挺胸式胸部接球

2. 缩胸式胸部接球

动作要领

判断来球路线和落点，选好接球的位置。身体正对来球，两腿前后开立或左右开立，膝关节微曲，两臂弯曲自然放置在体侧。当球运行到即将与胸部接触时，迅速缩胸、收腹缓冲来球的力量，使球落于体前，身体迅速跟进。相关动作如图2.15所示。

缩胸式胸部接球

图2.15 缩胸式胸部接球技术示意图

2.3.7 进阶接球技术

上文介绍了使用6种不同身体部位的接球动作，这些构成了基本的接球技术。下面介绍两种在实战中常用的、结合了一定的战术目的的进阶接球技术。

1. 接球掩护球

在足球比赛中，攻方队员在对方逼抢的情况下保有球权时，可能很难获得好的传球和射门机会。此时，就需要通过接球掩护球的技术来控制球权，寻找进攻机会。该技术动作是由选位、身体姿态、身体对抗、接球、运球等要素的合理组合来实现的。在运用该技术动作时有以下几点需要注意：

（1）选位在防守队员身前，侧身站立，手臂自然张开，将防守队员与来球隔开；
（2）用身体控制对手，使其无法获得身位的优势；
（3）降低重心，以使自己在身体对抗中保持稳定；
（4）用远离对手的脚接球和控制球。

2. 第一脚处理球

在足球运动技术日臻完善的今天，一种新的技术能力越来越受到重视，它就是第一脚处理球技术。这里所说的"第一脚处理球"，并不是单纯地将来球直接一脚传出或踢出（即所谓的"一脚出球"），而是指队员面对来球，通过第一次触球就将球接到下一步行动所需要的位置上。第一脚处理球对下一步行动的效率有着重要影响。运用和提高第一脚处理球技术需要注意以下几点：

（1）接球前对场上情况的观察、判断和决策；
（2）接球前的步伐和重心的准备；
（3）接球方法和力度的选择。

2.4 运球技术

运球技术指队员通过用脚连续触球来控制球的运行路线和速度的技术。在比赛中，运用运球技术的主要目的通常包括以下三类：一是在没有传球、射门的机会的情况下保持控球权，寻找机会；二是打乱对方防守阵型，突破对手防线；三是控制比赛节奏。

与踢球技术相似，运球时常用的身体部位有脚内侧、脚背正面、脚背内侧、脚背外

运球技术

侧等。使用脚的不同部位、选择不同的触球点和触球力度来控制球的运行,能够使球沿着不同路线、以不同速度运动。

2.4.1 脚内侧运球

在运用脚内侧运球技术动作时,身体姿态会限制跑动的速度,因而这一技术并不适用于高速运球,通常用于运球变向等情况。

 动作要领

脚内侧运球

肩部指向运球方向,侧身移动,支撑脚落在球的侧前方,支撑腿膝关节稍屈,运球腿提起屈膝,用脚内侧推拨球的后中部,身体随球移动。

2.4.2 脚背正面运球

脚背正面运球是快速奔跑姿态下的运球技术,该技术运球速度快,常在前方有较大进攻空间的情况下运用。

 动作要领

脚背正面运球

自然跑动,上体微前倾,支撑腿膝关节稍弯曲。运球腿提起,膝关节弯曲,脚尖下指,脚背正面正对球。在运球腿迈步着地前用脚背正面推拨球的后中部,身体随球移动。

2.4.3 脚背内侧运球

与脚内侧运球类似,脚背内侧运球也多在运球变向时运用,而不适用于高速直线运球。

动作要领

自然跑动，支撑脚落在球的侧方，膝关节微曲。身体重心稍向运球方向倾斜，两臂自然摆动，支撑脚落在球的侧方。运球脚屈膝抬起，脚尖稍指向斜下方，使脚背内侧部位正对球的运行方向，在运球腿迈步着地前，用脚背内侧部位推拨球的相应部位使球向预定的方向运行，身体随球移动。

脚背内侧运球

2.4.4 脚背外侧运球

在本节介绍的4种运球技术中，脚背外侧运球是其中较灵活的一种。一方面，脚背外侧运球技术可以在正常姿态跑动的情况下运用，常用于前方进攻空间较大的快速运球；另一方面，由于人体的踝关节较为灵活，所以脚背外侧运球技术也可以用于执行运球变向动作。

脚背外侧运球

动作要领

自然跑动姿势，上体稍前倾，支撑腿膝关节稍弯曲。运球腿提起，膝关节弯曲，脚尖内转，脚背外侧对球，在运球腿迈步着地前，用脚背外侧部位推拨球的后中部（如需运球变向则推拨球的不同部位），身体随球移动。

上述的4种运球方法只是构成运球技术的最基本动作。在实战中，它们不仅可以单独使用，也可以与拨球、拉球和扣球等技术结合运用以达到不同目的。此外，在运球时还应重视对节奏的把控，运球节奏一方面包括两次触球之间时间间隔的长短，另一方面也包括推拨球力度的强弱。运球技术动作节奏和跑动的节奏越一致，就越能达到事半功倍的效果。例如，通过分析著名球星梅西精湛的运球技艺，就能够发现其中包含着出众的脚感、恰到好处的推拨球力度、高频率的触球，以及小步幅、快节奏的跑动等要素。正是这些要素的完美配合，让梅西达到"人球合一"的境界，使防守他的队员眼花缭乱，无从下脚。在现代足球运动中，高超的运球技术对于在狭小空间内高压力、高强度的防守下突出重围具有不可替代的作用。

2.5 头顶球技术

头顶球技术

足球比赛中，队员在头球攻门、争顶、解围、传球等情况时常常使用头顶球技术。头顶球技术指队员使用前额部位将球顶向目标的技术动作。这一技术运用的前提是额骨坚硬，具备一定的抗冲击能力。现代足球比赛是抢时间、争空间的比拼，头顶球技术在处理高空球时有着天然的优势，掌握足球制空权对于赢得比赛也起着重要作用。当我们描述一支球队打法多样、进攻立体时，实际上暗示了该队不仅能"脚踢"还能"头顶"，技术手段全面丰富。

头顶球的方法较多，但使用的身体部位主要是前额正面、前额侧面（图2.16）。采用正确的顶球部位和正确的动作要领，可以降低来球对头部的冲击，保护队员的健康。

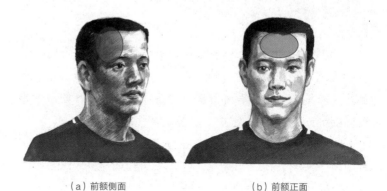

（a）前额侧面　　　　　　　　（b）前额正面

图2.16　头顶球部位示意图

2.5.1 前额正面头顶球

前额正面头顶球是用人体前额骨的正面部位顶球的技术。运用该技术顶球时，接触面积大，出球相对较平稳、准确。前额正面头顶球技术又可细分为原地动作和跳起动作。

1. 原地前额正面头顶球

 **动作要领**

判断来球路线。身体正对来球,两脚前后开立或左右开立。膝关节适当微屈,两眼注视来球,两臂自然张开,上体适度后仰。当球即将运行到身体垂直面之前,两脚蹬地,收腹,上体主动前迎,下颚收紧,颈部肌肉保持紧张,用前额正面部位顶球的后中部。顶球后身体自然随前移动。相关动作如图2.17所示。

原地前额正面头顶球

图2.17 原地前额正面头顶球技术示意图

2. 跳起前额正面头顶球

动作要领

判断好来球路线，选择好起跳时机。起跳时脚蹬地、两臂上摆，两眼注视来球，上体适度后仰成"反弓型"。当球即将运行到身体垂直面之前，收腹，上体主动前迎，收下颚，颈部肌肉保持紧张，用前额正面部位顶球的后中部。顶球后身体随前移动，屈膝落地保持平衡。相关动作如图2.18所示。

跳起前额正面头顶球

图2.18 跳起前额正面头顶球技术示意图

2.5.2 前额侧面头顶球

前额侧面头顶球是用前额的两侧部位顶球的技术。运用该技术顶球时，可使来球快速变换方向，令对手不易判断。前额侧面头顶球技术也可细分为原地动作和跳起动作。

1. 原地前额侧面头顶球

 动作要领

判断来球路线,选择好顶球的方向。身体稍侧对来球,两脚前后站立,与出球方向同侧的腿在前,两膝微曲,两臂在体侧自然张开,两眼注视来球。顶球时,两脚蹬地,上身向出球方向转体摆动,颈部肌肉保持紧张,甩头发力,用前额侧面顶球后中部,然后身体自然随前移动。相关动作如图2.19所示。

图2.19 原地前额侧面头顶球技术示意图

2. 跳起前额侧面头顶球

 动作要领

判断好来球路线,选择好起跳时机。起跳时蹬地、两臂上摆,两眼注视来球,上体适度向出球路线的相反方向转体和侧屈。当球即将运行到身体垂直面之前,上体加速向出球

方向转体摆动，颈部肌肉保持紧张，甩头发力，用前额侧面顶球后中部，然后身体随前移动，屈膝落地保持平衡。相关动作如图2.20所示。

图2.20 跳起前额侧面头顶球技术示意图

在使用头顶球技术时，除了要注意使用头部不同部位的区别，还要注意击球点的区别，后者影响着出球的高度和方向。在比赛中，队员应当根据出球目的的不同来决定击球点。例如：在头球攻门时，往往需要顶球的后中部或后上部，以防止将球顶高而飞出球门横梁；而防守解围时，则希望顶出的球又高又远，此时就需要顶球的后中下部。

除了头顶球这项足球技术本身，我们还应关注头顶球对于运动员，尤其是儿童、青少年运动员大脑健康的不利影响，在这方面已经有一些相关的研究和报道。2020年9月全国校园足球工作领导小组办公室印发了《全国幼儿足球活动的负面清单》，其中包括禁止进行足球的头球练习等8项内容。禁止或延后少年儿童练习头顶球技术，对于加强幼儿足球训练的科学性、安全性具有重要意义。

2.6 抢截球技术

足球运动是攻、守对抗的竞技项目,防守的质量对比赛的胜负有着重大影响。下面我们就来学习防守中的关键技术——抢截球。抢截球技术可以分为抢球和拦截球两类,下面分别进行介绍。

抢截球技术

2.6.1 抢球

抢球技术指防守队员运用合理的技术动作将对手控制的球抢下来或破坏掉的动作方法。抢球技术可以依防守队员的站位不同分为正面抢球、侧面抢球和侧后方抢球。

1. 正面抢球

动作要领

面向对手,两脚斜向前后开立,两膝稍弯曲,降低重心,重心落在两腿之间。当运球队员距离抢球队员约一大步距离且运球者脚触球后,球离开他脚的控制时,抢球队员的支撑脚迅速用力蹬地,抢球脚以脚内侧对正球并向球跨出,膝关节弯曲,身体保持紧张度,上体前倾,用脚内侧部位争抢球,身体重心移至抢球脚上,另一只脚立即前跨跟进。如双方的脚同时触球时,抢球脚则要顺势上提,使球从对方脚上提拉过去,然后身体跟上将球控制。相关动作如图2.21所示。

正面抢球

2. 侧面抢球

侧面抢球技术又可以根据技术动作的具体特点分为合理冲撞抢球和铲球。根据防守队员使用的脚与对方身体位置的相对关系,后者又可以细分为使用异侧脚或同侧脚的铲球。需要特别注意的是,铲球技术是需要防守队员倒地才能完成的技术,由倒地

41

图2.21 正面抢球技术示意图

恢复到站立并投入到后续的行动中需要一定的时间。所以，铲球技术往往是在其他防守技术无法阻止对方进攻时才会采用的一项应急的抢截球技术。

1）合理冲撞抢球

合理冲撞抢球是当球在双方队员控制范围之内，抢球队员与对方队员形成平行跑动时采用的一种抢球方式。

 动作要领

球在双方队员控制范围之内，抢球队员与对方队员形成并肩跑动的状态时，抢球队员降低重心，当对手靠近自己一侧的脚跑动离地时，抢球队员快速蹬地，同时躯干发力，用与对手接触一侧的紧贴身体的肩部以下和肘部以上的部位，冲撞对方的相应部位，使其身体失去平衡，从而将球抢下。

2）异侧脚铲球

 动作要领

在与对手争抢球时，当运球者拨出球的一刹那，抢球者同侧脚用力后蹬跨步向前，异侧脚以脚外侧沿地面向前内侧伸出，用脚底或脚尖将球踢走，然后以小腿外侧、大腿外侧和臀部依次着地，手、臂部也依次顺势缓冲着地，然后快速起身站立。相关动作如图2.22所示。

图2.22 异侧脚铲球技术示意图

3）同侧脚铲球

在与对手争抢球时，当运球者拨出球的一刹那，抢球者异侧脚用力后蹬跨步向前，同侧脚以脚外侧沿地面向前外侧伸出，用脚背或脚尖将球踢走，然后以小腿外侧、大腿外侧和臀部依次着地。手、臂部也依次顺势缓冲着地，然后快速起身站立。

3. 侧后方抢球

侧后方抢球技术是当对手已形成突破，防守队员追赶对手且身体位置处于劣势时所采取的处理球技术。由于身体位置处于劣势，防守队员只能以铲球动作来完成侧后方抢球。与上述的两种侧面抢球技术中的铲球技术动作类似，侧后方抢球技术也可以分为同侧脚铲球和异侧脚铲球两种方式，具体的技术要领也可参考前文。

2.6.2 拦截球

拦截球技术指防守队员运用合理的技术动作将对方队员之间的传球截获的动作方法。

🔘 **动作要领**

拦截球

判断对手出球路线和球速，隐蔽自己的拦截意图，选位在对方准备接球队员的身后或侧方，并能先于接球队员触球之前将球拦截的位置上。两脚前后自然开立，两膝稍弯曲，身体重心下降，重心落在两腿之间，当对手将球传出后，迅速蹬地启动，进入球的运行路线，在对方队员接球之前用脚将球截获控制。

我们在这里只介绍用脚拦截球的技术。当然，一些其他身体部位也可以用来拦截球，例如用头拦截高空球等。需要注意的是，运用拦截球技术应当相对谨慎，避免出现"扑空"的情况，否则容易在防守中暴露出更大的空当。

2.7 掷界外球技术

掷界外球与守门员技术

掷界外球技术指队员在执行掷界外球时所采用的技术动作。掷界外球不仅是当球出边线时恢复比赛的方式，也是一个重要的进攻手段。例如，在前场掷界外球时，掷球的队员将球掷入对方门前区域，队友跟进包抄，就可能获得破门得分的机会。掷界外球技术可以细分为原地掷界外球和助跑掷界外球两种方式。

2.7.1 原地掷界外球

🔘 **动作要领**

原地掷界外球

面向场内，双手持球于头后，双脚前后站立或左右站立，膝关节弯曲，上体后仰，身体呈"反弓型"。掷球发力时两脚蹬地，收腹屈体，快速甩臂，将球从头后经头顶掷出。相关动作如图2.23所示。

图2.23 原地掷界外球技术示意图

2.7.2 助跑掷界外球

 动作要领

依据掷球所需力量的大小,选择合适的助跑距离。助跑时双手持球于体前,助跑最后一步时,双手将球举到头后,双脚前后站立或左右站立,膝关节弯曲,上体后仰,身体呈"反弓型"。掷球发力时两脚蹬地,收腹屈体,快速甩臂,将球从头后经头顶掷出。相关动作如图2.24所示。

助跑掷界外球

图2.24 助跑掷界外球技术示意图

2.8 守门员技术

守门员往往是球队的最后一道防线,防守责任重大。随着足球运动的发展,足球比赛对守门员参与进攻能力的要求也逐渐提高。守门员不仅要有能够高接低挡、好似八爪鱼般的双手,还要有在球队进攻中能传球、能控球的双脚。对于任何一支球队来说,守门员都是场上具有特殊位置和作用的一名成员。

守门员技术分为有球技术和无球技术。前者包括守门员的接球、扑球、托球、拳击球、手掷球、脚踢球等动作要素;后者包括守门员的选位、移动和姿态准备等要素。下面我们将展开具体介绍。

2.8.1 守门员的有球技术

守门员的有球技术也非常多样化,并且需要守门员根据来球的情况灵活选择运用。下面介绍几种在面对不同轨迹来球时常用的守门员有球技术。

1. 两腿直立式接地滚球

动作要领

两腿直立式接地滚球

判断来球路线和速度,身体正对来球,两腿并拢,膝关节自然伸直站立,上体前屈,两臂前迎。两手小指相对,两手掌心对球,呈凹形。当双手触球的瞬间,屈肘顺势后撤,将球抱收于胸前。

2. 接与腹部高度相近的平直球

动作要领

判断来球路线和速度,身体正对来球,两腿左右开立,膝关节自然弯曲，上体稍前屈，两臂适当屈肘前迎，两手掌心对球，呈凹形。当双手触球的瞬间，屈肘顺势后撤，将球抱收于胸前。

接与腹部高度相近的平直球

3. 单脚起跳和双脚起跳接高球

判断来球路线和速度，选好起跳时机，助跑起跳时屈膝蹬地，双臂快速上摆，带动身体跳起，双臂向上伸出，两手拇指相对，掌心对球呈凹形，在最高点时将球接住，屈肘顺势将球收于胸前，屈膝落地缓冲维持身体平衡。

单脚起跳和双脚起跳接高球

4. 跃起侧扑接球

判断好来球路线和速度，同侧脚蹬地同时摆臂，侧身腾空跃起，充分伸展手臂和身体，两手拇指相对，掌心对球呈半圆形，在空中将球接住。落地时球先接触地面并顺势屈肘，以前臂、肩部、躯干侧面、大腿侧面等部位依次着地，缓冲保护，然后抱球起身恢复站立状态。

跃起侧扑接球

5. 单拳击球

判断来球路线和高度，选择好起跳时机，助跑起跳时屈膝蹬地，双臂快速上摆，带动身体跳起，击球臂屈肘握拳，起跳在最高点时迅速出拳，用紧握的拳面将球击出，屈膝落地缓冲维持身体平衡。

单拳击球

2.8.2 守门员的无球技术

守门员的无球技术主要包括选位、移动和姿态准备3类。

1. 选位

守门员根据球与球门的距离和角度来选择自己的位置。通常情况下应选在球与两个门柱的角平分线上,这样既可以封堵对方射门角度,又可以防止对方搓过顶球吊射球门。如果守门员选位靠前,虽然更有利于封堵对方的射门角度,但同时也给对方采用吊射破门创造了机会;反之亦然。所以,守门员在比赛中需要快速决策,在选位时做好平衡。

2. 移动

守门员移动的方式多种多样,既有一些常规的跑动姿态(如向前跑动、倒退跑动),又有一些特殊的移动步伐(如侧滑步移动和交叉步移动)。无论采用何种姿态步伐,目的都是灵活、快捷地移动,以便于处理各种来球。

3. 姿态准备

动作要领

两脚左右开立,与肩同宽,脚跟部稍离地,用前脚掌支撑身体,两膝弯曲呈半蹲状态。上体略微前倾,两臂自然屈肘于体前,掌心向下,两眼注视来球,随时准备采取行动。

到这里为止,我们就将足球运动中最基础、常用的技术动作做了介绍。在练习中注意要循序渐进,由易到难,通过量的积累,达到技术向技巧的转化和提升,直至用于实战;与此同时,特别建议读者在练习中注意双脚的均衡发展,最好让左、右脚都具备一定的技术能力,这样更加有利于在场上处理复杂的情况,便于发挥应有的实力。

2.9 假动作技术

足球比赛中,运动员常采用一些虚假动作迷惑对手,使其产生错误的判断,从而在对抗中获得优势,这就是假动作技术。大部分的假动作技术是与有球技术结合运用的,渗透在踢球、接球、运球和抢截球等各种有球技术中。在这里,我们只介绍一种常用的有球假动作——"左晃右拨"运球过人技术，其他假动作技术留待实践中充分发挥自身的创造力去体悟开发。

假动作技术

 **动作要领**

自然跑动，小步幅，低重心，运球逼近对手。当与对手有一大步距离时，左腿向左侧跨出一步，重心移动到左腿上，做出要从左侧突破防守队员的假象，随后用右脚脚背外侧向右侧拨球过人，身体重心迅速跟上，随球向右侧移动，完成突破。

为什么假动作技术能够成为一种在竞技体育中被普遍采用且取得良好效果的技术呢？其中的原理涉及一个心理学概念——心理不应期。当人体对第一个刺激做出反应之后，对于紧密相随的第二个刺激的反应将会出现延迟，换言之就是会在对两个连续的刺激的反应之间出现一个短暂的无反应期，心理学上称之为"心理不应期"。足球比赛中我们经常能够看到这样一种场景：进攻队员在"一对一"运球过人时，运球队员先采用了虚晃假动作，随后立即向反方向拨球过人，从而突破防守。在这个例子中，运球队员的虚晃假动作相当于给予对手的双刺激中的第一个刺激，诱发了防守队员的反应；正当对方防守队员对"假动作"做出反应时，第二个刺激——也就是运球队员向反方向拨球的动作又出现了，此时防守队员已经无能为力，无法及时做出对"真动作"的反应，只能眼睁睁地看着进攻队员从自己身前突破防守。这就是隐藏在假动作技术背后的科学原理。

在球场上运用假动作技术需要注意以下几点。

（1）动作要逼真，才能以假乱真，令对手无法分辨真伪。

（2）假动作和真动作之间要有适宜的时间间隔。有研究表明，这个适宜的时间间隔应为60～100ms。如果时间太短，防守队员就会忽略第一个刺激，直接对第二个刺激做出反应；如果间隔时间太长，防守队员会对第一个刺激和第二个刺激都做出反应，在这种情况下假动作就失去了运用价值。当然，在一般的训练场景中我们无法准确地测量出自己做的假动作和真动作之间的时间间隔，因此还是应当通过与同伴的共同练习来加以体会和掌握。

（3）假动作不宜频繁使用。如果频繁使用假动作，会让对手了解你的技术特点，找到应对之策，从而削弱下一次假动作的效果。

2.10 无球技术

无球技术

一个常常被人忽略的事实是，一场足球比赛中，运动员在场上大部分时间都是处于无球状态。据统计，在一场90min的职业足球比赛中，即使是担任球队组织核心角色的队员，实际控球的时间总计也只有约3min。然而，队员处于无球状态并不等于处于休闲放松状态，而是时刻为了接球或抢截球而行动着。所以，足球的对抗不仅是有球技术的比拼，也是无球技术的较量。

无球技术指运动员在比赛中无球的情况下，为完成攻、守任务而采取的技术动作。无球技术包括各种方式和节奏的跑、跳、急转、急停、摆脱和无球假动作等动作要素，也包括为了避免伤害所采用的躲闪、落地缓冲等自我保护技术。

绝大部分的无球技术是以基本的跑跳技能为基础，再结合足球专项的特点和要求形成的。以足球场上的快速跑动为例，球场上的跑动技术和百米赛跑时的技术动作有一定的区别：队员在球场上高速跑动时，随时可能进行急转、急停、变向、躲闪或是转头观察等行动，因此跑动的步幅和步频、重心的高低及身体的朝向都在不停变换。因此，运用无球技术的关键在于阅读场上的形势，综合运用身体能力和思维能力达到对比赛产生影响的目的。鉴于此，本书中不再详细介绍无球技术的具体分类和动作要领，而是建议读者亲身参与瞬息万变的足球比赛，从中去体悟。

第3章
足球战术

足球战术的概念和分类

3.1 足球战术的概念和分类

足球战术是球队中的个人和集体为了在比赛中获得所期望的结果，根据本方和对方的特点与情况所采取的有针对性的行动。足球比赛中，球队的战术素养和战术执行对比赛的胜负有着巨大的影响；通过巧妙的战术安排从而以弱胜强的例子不胜枚举。

足球是攻、守对抗的竞技运动，随着控球权的转换，双方球队的角色也相应变化。尽管足球场上局势变幻莫测，但我们仍可以从进攻、防守和阵型这3个角度对足球的基本战术进行认识和把握。具体而言，进攻战术是本方获得球权时，为了攻破对方球门而采取的个人和集体行动；防守战术指对方拥有球权时，为了阻止对方破门得分而采取的个人和集体行动；比赛阵型指队员在场上的位置排列和职责分工。

进一步地，我们又可以依据执行战术的单位不同，将进攻战术和防守战术细化为个人战术、小组（局部）战术、整体（全队）战术和定位球战术。个人战术指服务于团队战术任务的个人行动；小组战术指场上局部区域内2名或以上队员的配合行动；整体战术指本方场上队员全员参与的策略、方法和行动[①]；定位球战术指利用"死球"后重新恢复比赛的机会，组织进攻或防守的策略和行动。

接下来，我们首先介绍足球战术的原则，然后再按照图3.1所示的分类向您一一介绍各种具体的足球战术；之后，再介绍一些与足球战术相关的其他问题，如战术执行的要点、足球意识的概念、教练员指挥比赛的方法及足球竞技能力的发展特点等。

3.2 足球战术原则

足球战术原则是场上队员的行动准则，分为进攻战术原则和防守战术原则。

1. 进攻战术原则

1）创造空间

当本方获得球权时，队员要尽快按照位置职责迅速进入特定

---

① 有时，7人及以上人数的行动就可称为整体战术，这与足球竞赛规则规定的最低比赛队员人数有关。《足球竞赛规则2016／2017》第三章第一款规定：一场比赛应有两队参加，每队上场队员最多11名，其中必须有1名守门员。如果任何一队少于7人则比赛不能开始或继续进行。

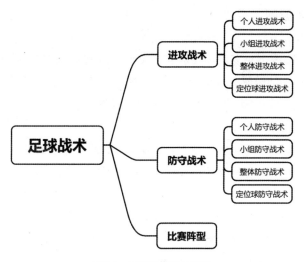

图3.1 足球比赛战术分类

区域,并充分利用场地的长度和宽度把对手的防线充分拉开;进而,通过队友之间的交叉跑动撕扯对方的防线,为进攻创造空间。

2)区域渗透

在进攻中,队员应当利用控球手段在对方层层防线间找到可以利用的空当,及时准确地将球输送到可能制造威胁的区域,完成射门得分。

3)跑动接应

在进攻中,队员应当积极地跑动和接应,创造局部区域人数优势。换言之,"机会是跑出来的"。

4)快慢结合

在进攻中,快速地行动是优先选项;但当没有快攻的机会时,队员则应适当减速,保持控球权,继续寻找进攻机会。通过快慢节奏的灵活转换实现突破防线、保持控球权和消耗对手体能等不同的目的,从而更好地掌控比赛,提高进攻的效率。

5)灵活多变

足球场上形势瞬息万变,刻板、教条的战术打法在比赛中很难奏效。在进攻时,队员要一刻不停地思考判断场上局势,通过不断变化进攻的方向、区域、距离、高度、节奏等打乱对手的防线布置,破坏对方的防守节奏,从而达成目标。

6)攻守平衡

即使在本方进攻时,队员也应当做好防守保护,时刻保持警惕性和敏感性,避免"顾首不顾尾"。

2. 防守战术原则

1）延缓进攻

在由攻转守时，丢球队员或距球最近的队友应立刻对对方的持球队员进行反抢或阻断其向本方禁区方向的传球、运球线路，延缓对方的进攻速度，为其他队员的回防争取时间。同时，其他队员必须尽快回撤到各自的防守位置上进行防守。

2）驱赶压迫

在有球区域内，当攻守双方人数均等或以多防少时，距对方持球队员最近的防守队员应有目的地限制对方持球队员的进攻方向，将其驱赶向特定区域。与此同时，区域内的其他队员应当注意阻断对方的传球路线，通过团队合作，把对手的进攻控制在一个狭小的区域内，使对方队员在传球、运球和接球时都受到压迫和干扰，从而迫使对方丢失球权。如果防守时队友的支援没有到位，主防队员则应当先设法延缓对方的进攻，待队友进入防守位置后统一采取行动。

3）收缩防线

在防守时，本方队员应整体随球移动，收缩防线，形成相互保护、补位的严密防守队形，压缩对方的活动空间。

4）控制场面

在防守时，队员对于场面的控制应当从以下几方面着手：一是对对方队员，尤其是核心队员的控制；二是对空间的控制，防守队员一定要比对方进攻队员更早到达威胁本方球门的关键区域；三是对情绪的控制，在关键区域防守队员要谨防盲目犯规。

5）平衡队形

前文提到，在防守时，在有球区域要实施压迫防守；而在远端无球区域的防守方队员，在选位时应做到既有利于对本方防守队员的内收保护，又能同时兼顾对对方无球进攻队员的控制。近侧压迫，远侧兼顾，保持整体防守队形的平衡。

6）伺机反击

即使在防守中，防守方队员也应随时准备好在本方获得球权后进行快速反击。

前文介绍的进攻、防守各6种战术原则，是场上队员在执行任何战术时都应遵守的准则。对战术原则的理解越充分，队员就越能及时、合理地选择并执行攻、守中具体的战术。

3.3 进攻战术

进攻战术是获得球权的一方，为了攻破对方球门而采取的个人和集体行动。如何有序地组织进攻，破解对方的防守，赢得比赛，是进攻战术要解决的问题。如前所述，根据执行战术的单位不同，进攻战术可分为个人进攻战术、小组进攻战术、整体进攻战术和定位球进攻战术4类。

个人战术

3.3.1 个人进攻战术

个人进攻战术指队员在比赛中为了破门得分，所采取的符合团队进攻要求的个人行动。个人进攻战术是构成小组和整体进攻战术的基础，包括跑位、传球、运球突破和射门4种基本战术。

1. 跑位

跑位指在本方进攻时，队员在无球的情况下，运用各种无球跑动技术，带有明确战术目的进行移动，从而为自己或队友创造进攻空间。

现代足球比赛中，无球队员的跑位受到高度重视。跑位作为一项基本的个人进攻战术，为射门、控球、传球、扯动、牵制等各种战术目的服务。根据不同的目的，跑位还可以分为牵制跑位、接应跑位，以及为达到攻守平衡的跑位等。由于对方队员也在不停跑位，进攻空间不停变化，进攻机会时隐时现，因此，跑位除了强调队员个人对进攻空间的发现、创造和利用，还强调场上队友之间跑位的默契。

⚽ **战术要点**

（1）目的要明确，应依据球队战术打法的要求和场上局势的需要来移动；

（2）时机要恰到好处，过早或过晚的跑位都更难以达到预期效果；

（3）真假要结合，应善于使用无球假动作等技术来迷惑对手，隐蔽自己的意图，达到出其不意的效果。

2. 传球

传球是球队组织进攻，完成战术配合，实现战术目标的基本手段，也是衡量一名队员技战术水平的重要指标。完美的传球就是在恰当的时机，用合适的力量将球传到正确的位置。

依据球的运行距离，传球可以分为短传球（20m内）、中距离传球（20~30m）和长传球（30m以上）；依据球的运行方向，传球又可分为直传、斜传、横传和回传；依据球的运行轨迹，传球还可分为直线球、弧线球、地滚球、半高球和高球。

战术要点

（1）准确性：传球准确是完成战术配合的前提条件。传球的准确性要求传球的速度、高度、方向和旋转等要素都达到适宜的程度。

（2）方向性：在进攻中，向前传球（即向对方球门方向传球）应当为队员传球时的第一选择；横传或回传只是为了控制节奏、保持控球权的权宜之计。因此，越是在对方防守立足未稳的情况下，越应当当机立断地将球迅速输送到对方防线身后的威胁地带，从而在进攻中掌握主动。

（3）时机性：队员在传球时要做到时间和空间的契合，也就是我们常说的"球到人到""人到球到"。掌握好传球时机，才能把握比赛中稍纵即逝的机会。

（4）安全性与冒险性：任何战术运用都会有失败的风险和相应的后果，但有时这种后果与采取战术时队员所在的球场区域有很大关系。从安全性与冒险性的角度来说，队员在传球时要根据情况有所选择。例如：在后场区域传球时要优先确保传球的安全性，因为此时若被对手断球，将会立刻对本方球门构成直接威胁；但在前场区域就要敢于进行冒险的传球，发挥想象力，争取创造破门得分机会。

（5）隐蔽性：同跑位类似，队员在传球时也可以利用相应的技巧迷惑对手，避免暴露传球目标，增加传球的隐蔽性，以减少对方的反应和准备时间，同时也为接球队员创造更加有利的进攻环境。

3. 突破

突破（也称"运球突破"）是具有独特价值的个人进攻战术，它以运球技术为基础，是破坏对手防线、创造射门或传球机会，以及保持控球权的有效手段。队员若具备高超的运球突破能力，就能够在很大程度上帮助球队在比赛中赢得主动权。下面我们就以"一对一"进攻为例，来归纳队员在突破中应注意的要点。

 **战术要点**

（1）目的性：队员采取突破的个人战术需要具有明确的目的性，如破坏对手的防守平衡，或是保持控球权等，切忌不顾比赛形势盲目地使用运球过人，以免贻误战机。

（2）距离性：队员进行突破时，需要掌握好与防守队员的距离（通常为1.5m左右），目的是确保对手伸腿抢截也触及不到球。当防守者距离较近时，突破队员就应调整与对方的距离，或变换运球节奏实施过人。

（3）时机性：过人是运球突破中一个重要的环节，队员在突破中应当把握好时机实施过人，从而创造更大的进攻空间。防守队员犹豫不定或失去重心时，就是队员运球过人的最佳时机。

（4）灵活性：与其他个人进攻战术类似，运球突破也讲究灵活性，需要队员运用变节奏、变方向及假动作等多种方式来迷惑对方防守队员，让对手不易判断行动路线。

（5）坚决性：在足球场上，只要比赛形势需要，队员就应当坚决果断地采取突破行动。运球突破不是球星或技术型队员的专利，任何队员在比赛中都应当随时做好采取任何技战术行动的准备。

（6）安全性：与传球时考虑球场区域的影响类似，队员在场上不同区域突破时，也要充分考虑采取行动的风险。由于突破失败后给本方带来的风险相对更高，因此我们主要强调突破的安全性，队员在一些特定的区域或特定情况下不应进行"一对一"运球过人。例如，队员在本方禁区内进行"一对一"运球过人就是"疯狂"的冒险行为，即使拥有再高超的技术也不建议尝试。

4. 射门

在绝大多数情况下，足球比赛中的破门得分都是依靠射门来实现的。而射门机会能否转化为进球，则是由队员的脚法、信心、勇气、"嗅觉"等多重因素共同作用来决定的。

战术要点

（1）射门意识：队员应当在心理上时刻做好把握射门机会的准备。

（2）射门精度：队员在射门时相比力度更要把握准确度。

（3）射门角度：队员应当优先将球射向球门的下角或上角，尤其是射出朝向球门的两个下角的地滚球，从而提高破门的成功率。这是因为守门员倒地去扑接地滚球所需要时间比扑接半高球、高球需要的时间更长。

（4）射门弧度：队员如能踢出弧线球，将有效地增加对方守门员和其他队员的防守难度，很多经典的边路内切兜射破门就属于此种情况。

3.3.2 小组进攻战术

小组进攻战术（或称"局部进攻战术"）指2名或以上队员为了完成进攻任务而采用的局部协同作战的配合方法，包括"二过一"配合、三人进攻配合等。其中，"二过一"是最为常见的一种进攻配合，它指的是2名进攻队员通过传球和跑动配合突破一名防守队员的进攻战术。"二过一"配合的最大特点是充分利用局部人数优势，同时又相对简单，是一种颇具威胁的小组进攻战术。接下来，我们着重介绍几种常见的"二过一"战术。

1. 直传斜插"二过一"

直传斜插"二过一"战术的成立需要2个关键的要素：直传的传球方向和斜插的跑位方向。直传指平行于边线、向进攻纵深方向（即对方球门方向）的传球；斜插指接应队员向进攻方向的斜前方跑动接球，如图3.2所示。这种战术配合利用的是传球队员正前方的进攻空间。

直传斜插"二过一"战术

战术要点

（1）判断：依据对方防守队员的位置，判断进攻空间出现的方位。

（2）默契：通过眼神、肢体动作等方式，传球队员与接应队员之间进行必要的沟通，形成默契。

（3）时机：传球队员与接应队员需要把握好传、跑时机。

（4）传球：传球队员要注意采用合适的传球力度，并尽量传地滚球。

2. 斜传直插"二过一"

与上一种配合方式相似，斜传直插"二过一"配合的关键点也是传球和跑位的方向：斜传指向进攻方向的斜前方传球；直插指接应队员的跑位方向平行于边线，如图3.3所示。这种战术配合利用的是接球队员正前方的进攻空间。进行斜传直插"二过一"

斜传直插"二过一"战术

图3.2 直传斜插"二过一"战术示意图

直传斜插"二过一"战术

图3.3 斜传直插"二过一"战术示意图

斜传直插"二过一"战术

进攻时，需要注意的要点可以参考上文直传斜插"二过一"对应部分的内容。

3. 踢墙式"二过一"

踢墙式"二过一"战术

踢墙式"二过一"配合是两名进攻队员通过两次传球突破一名防守队员的配合，其中一名队员"做墙"，另一名跑位。第一次传球由跑位队员传给做墙队员，做墙队员在接应来球时并不停球，而是采用一脚出球的方式将球传向跑位队员将要到达的位置。这种战术配合节奏快，常令防守方反应不及。

战术要点

踢墙式"二过一"战术

运用踢墙式"二过一"时，除了需要注意队员之间的默契和传球的准确性等问题，作墙队员还应特别注意选位，形成进攻路线的"三角形"，如图3.4所示。

图3.4 踢墙式"二过一"战术示意图

4. 交叉掩护"二过一"

交叉掩护"二过一"战术

交叉掩护"二过一"配合是局部区域的两名进攻队员在交叉

换位的同时交接球权，随后无球队员以身体掩护运球队友摆脱对方防守的配合方法。

交叉掩护"二过一"战术

战术要点

（1）运球队员要尽量使用远离防守队员的脚运球，同时用身体将球护好。

（2）要注意交接球权的时机。

（3）要注意随机应变，可以由最初的运球队员佯装交接，实则直接运球突破。

5. 回传反切"二过一"

回传反切"二过一"配合是两名队员之间通过3次传球完成配合的进攻方式。具体的配合步骤是：首先，将要执行突破的队员A在无球状态下回撤跑位，负责接应的队员B将球传给队员A（第一次传球）。此时，队员A由于回撤接球，能够吸引防守队员，并在防守队员身后制造空当。接下来，队员A在吸引对方防守后将球回传给队员B（第二次回传），然后快速反身插入对方防守队员身后的空当。紧接着，队员B接到来自队员A的回传球后，迅速向队员A的跑动方向（对方防守队员身后）传球（第三次传球），队员A接球完成配合。

回传反切"二过一"战术

回传反切"二过一"战术

战术要点

（1）运用回传反切"二过一"配合的基本条件是第一次传球能够吸引对方防守队员的跟进并在其身后制造出足够的进攻空间，为了达到上述目的，回撤接球的队员动作要逼真，能够诱使对方紧盯防守，将对手带离防守位置。

（2）在第二次传球中，将球传给接应队员时应尽量采用地滚球，便于队友执行第三次传球。

（3）在配合中的两名队友要掌握恰当的传跑时机，避免越位犯规。

3.3.3 整体进攻战术

整体进攻战术是球队在比赛中为了破门得分而采用的全局性的进攻策略和方法，比个人和小组进攻战术更具系统性。因此，整体性战术，无论是进攻战术还是防守战术，常常会涉及场地不同区域之间的联动。在此，我们用一张图对球场横向和纵向的区域划分和对应的术语进行简要介绍（图3.5）。依据进攻区域不同，整体进攻战术可细分为边路进攻、中路进攻和转移进攻；依据整体进攻的推进速度不同，又可细分为快速反击和阵地进攻；此外还有反压迫进攻等战术。下面我们一一进行介绍。

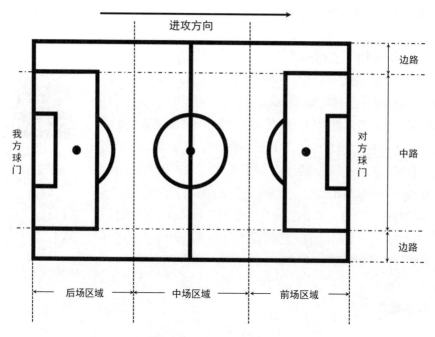

图3.5　足球场地区域划分示意图

1. 边路进攻

边路进攻战术

边路进攻是在边路区域组织进攻的整体进攻战术。在足球比赛中，球场中路往往是对方重兵把守的要地，而场地两侧边路区域往往防守队员相对较少。边路进攻战术就充分利用球场的宽度，在边路区域通过个人或小组配合形成突破，然后再将球传向中路包抄的队员形成射门。

 **战术要点**

（1）机动灵活运用个人能力或小组配合、小组轮转换位等方式撕开对手边路防线，形成突破传中。

（2）传中球要做到准确、快速，甚至可以通过施加弧线旋转来增加威胁性。

（3）传中球的落点选择要兼顾两方面，一方面是尽量使包抄队员可以直接威胁对方球门，另一方面是确保包抄队员能够先于对方守门员及其他防守队员得球。一般而言，传中球的理想落点区域包括近门柱附近区域、远门柱附近区域及点球点附近区域等。

（4）时机的把握也是边路进攻能否成功的关键点之一，边路队员需要做到传出的球与包抄攻门队员同时到达预定区域，也就是"球到人到"。

（5）中路的包抄攻门队员往往会被对手重点盯防，因此，为了抢占先机，应当灵活运用各种跑位、掩护等技战术来摆脱防守。

边路进攻的传中球落点示意图如图3.6所示。

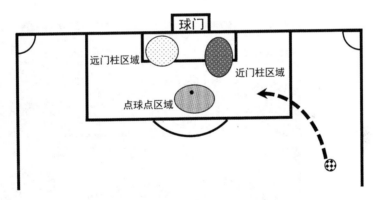

图3.6 边路进攻战术传中球理想落点区域示意图

2. 中路进攻

中路进攻是利用前场中间区域组织进攻的整体进攻战术。中路进攻可以直接威胁对方球门，但往往也面临着对方的重兵防守，进攻难度较大。在中路组织进攻的方法很多，如直传斜插、斜传直插、"撞墙式"配合等小组进攻战术，以及运球突破、远射等个人进攻战术。

中路进攻战术

战术要点

（1）要提高传球的准确度。中路区域人员密集，空间狭小，进攻队员之间的传递配合多采取相对准确的地滚球。

（2）要有意识地改变传球节奏。在进攻组织中，突然加快传球节奏，如运用 "撞墙式"配合，往往能够有效突破对方防线。

（3）接球队员在跑位中也应有意识地改变节奏，通过快速启动、急停急转来摆脱防守。

3. 转移进攻

当球队在某一区域组织进攻时，会吸引对方的防守队员向该区域聚集；相对地，对方在其他区域的防守队员就会减少。此时，通过传球改变进攻区域，以更容易突破对方的防守，这就是转移进攻（图3.7）。

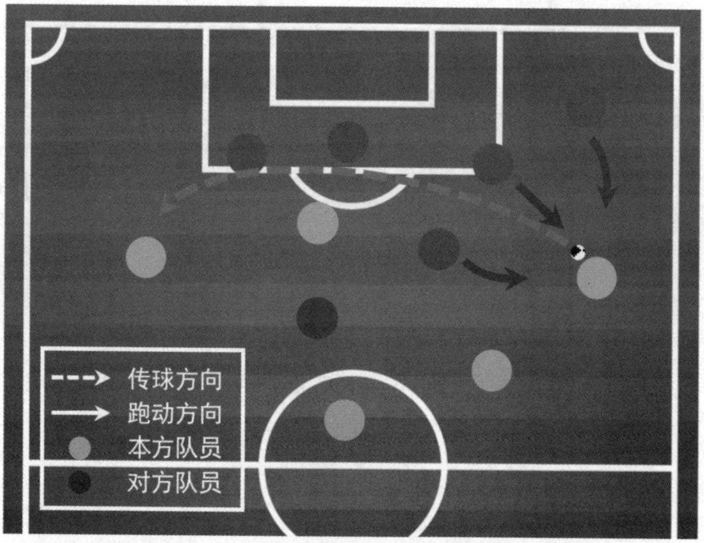

转移进攻战术

图3.7 转移进攻战术示意图

战术要点

（1）传球转移时一般采用快速的空中球，压缩对方转移防守重心、重新布防的时间。

(2) 传球转移时要注意避免被对手截获发动快速反击。

(3) 如有必要，可在反复进行转移进攻时，来回拉扯对方防线制造破绽。

4. 快速反击

快速反击指本方通过防守获得球权，由守转攻时，趁对方防守立足未稳，发动快速的攻击来创造得分机会的整体进攻战术。依据防守方获得球权的区域不同，以及快速反击"时间窗"（即对手由进攻转入防守落位所需要的时间）的长度不同，还可分为3种具体情况，如表3.1所示。

表3.1 快速反击的分类

反击类型	获得球权的区域	时间窗长度 / s
高位防守转入快速反击	前场区域	~4
中场防守转入快速反击	中场区域	6~8
深度防守转入快速反击	后场区域	10~12

 战术要点

(1) 队员要具备反击意识，对可能发生的球权转换要有预判，随时做好发起反击的准备。

(2) 要争取在"时间窗"之内完成射门，这样战术的成功率最高。

(3) 快速反击讲究一个"快"字，要避免复杂的配合和节奏的来回变换，争取以最快的速度、最少的传球次数来创造射门机会。

5. 阵地进攻

阵地进攻是在对方已组织好防守的情况下，本方有序组织进攻，通过控制球权和调动对方来突破对方防线、创造得分机会的整体进攻战术。

 战术要点

(1) 本方队员的进攻站位要充分利用球场的长度和宽度，将阵型横向、纵向展开。

（2）队员相互之间要进行轮转换位，尤其是中场队员与前锋队员之间应通过积极的轮转换位来向对方的防守队员施加压力，为创造进攻空间、建立传球通道和保持控球权创造条件。

（3）通过队员积极的跑位在有球区域创造局部人数优势，形成"以多打少"，充分利用受到防守关注较少的队员（即所谓的"自由人"）发起进攻。

（4）应注意与转移进攻的结合应用，在某一区域进攻受阻时积极寻求转移进攻区域。

（5）进攻中的传导球要以创造突破和得分的机会为目的，避免盲目追求控球率。

（6）随着球的运转，要注意保持阵型的整体移动。例如，当球向前传递时，整体阵型要前移上压，避免前后场脱节。

6. 反压迫进攻

反压迫进攻是对应于压迫防守的一种整体进攻战术。在今天的足球比赛中，压迫式防守已经成为一种被普遍采用的防守方式，因此以破解对方压迫式防守为目的的种种进攻手段就构成了有别于传统的新类型进攻战术。

⚽ 战术要点

（1）要在对方采取压迫式防守的区域增加进攻队员，争取形成"以多打少"的局面，并利用"自由人"组织进攻。

（2）利用小组进攻战术，进行简洁、快速、连续的传递配合来向目标推进，同时结合个人的盘带来打乱对手防线，突破重围。

（3）当有球区域空间过于狭小，无法组织有效进攻时，应善于利用转移进攻来摆脱对方的压迫式防守，寻找新的进攻机会。

（4）受到对方压迫式防守的持球队员应尽量用远侧腿带球，利用身体掩护球，避免轻易地丢失球权，为队友的跑位支援争取时间。

（5）当对手在高位（即本方禁区附近）采用压迫式防守逼抢本方队员时，本方可以利用守门员进行球的转移。

（6）在紧急情况下，可通过大脚将球向前开出等方式将球解围，避免对方获得球权，确保本方球门的安全。

3.3.4 定位球进攻战术

由于现代足球比赛防守严密，球队在运动战中进球的难度越来越大，因此越来越多的球队选择发掘定位球独特的战术价值。顾名思义，定位球的发球位置相对固定，便于演练套路；一些定位球规则还对防守队员的位置有所限制；再加上运动员精湛的脚法，这些因素综合起来使得定位球破门得分的可能性增加，让定位球进攻上升为现代足球比赛中获得胜利的重要手段之一。从足球竞赛规则定义来看，定位球包括任意球、角球、掷界外球、中圈开球和点球等，其中任意球、角球、掷界外球和点球都有一定的战术变化，下面将逐一进行介绍。

定位球进攻战术

1. 任意球进攻战术

任意球是比赛中发生犯规后重新开始比赛的方法，简单来讲，就是将球摆放在犯规地点，然后由被犯规一方的球员来踢出。根据任意球的罚球地点与对方球门距离的远近及角度等因素，在执行任意球时队员通常有两种选择：一是直接射门①，适用于罚球点与球门距离较近、角度较好的情况下；二是传递配合，适用于罚球点与球门距离较远、角度较偏的情况下，通过踢球队员的脚法的灵活变化与队友的掩护跑位来制造得分机会。

① 根据发生犯规的具体情形不同，任意球又可分为直接任意球与间接任意球，只有在执行前者时才可以采取直接射门的方式；执行后者时如果将球开进对方球门，除非球在进入球门以前曾被其他队员踢或触及，否则进球无效。

⚽ **战术要点**

（1）注意运用快速踢出任意球（快发任意球）的方式进攻。在裁判员判罚犯规后，除非裁判员明确示意队员必须在鸣哨后才能将任意球踢出，否则队员就可以不必等待裁判员鸣哨，快速踢出任意球，令对方反应不及，增加进攻的成功率。

（2）在具备条件的情况下应优先选择直接射门的进攻方式，在踢球时踢球队员和队友都可以通过假动作来迷惑对手。

（3）采取传递配合的方式发任意球时，不宜追求过分复杂的配合。

2. 角球进攻战术

虽然规则规定踢角球可以直接射门得分，但大部分情况下踢角球是通过传递配合来制造射门机会。角球进攻战术包括长传配合和短传配合两种方式。

1）长传配合角球进攻战术

采取长传配合时，踢角球队员一般采用高空球将球踢向罚球区之内，传球落点一般选择前点（近门柱区域）、中间点（点球点区域）和后点（远门柱区域）等守门员不易将球截获或解围出去的区域。有时，也可以将角球踢向罚球区外，由攻方队员凌空射门。

战术要点

（1）团队协作：攻方的接应队员利用掩护、无球假动作等手段，隐蔽真实的攻击意图，为预先确定的接球队员制造进攻空间。

（2）保持层次：攻方不仅应在前点、中间点和后点布置争抢队员，还应在外围关键区域布置队员，以控制、争抢第二落点，便于再次发起进攻。

（3）沟通交流：踢球队员可以用事先约定的暗号，向队友提示即将踢球的落点。

2）短传配合角球进攻战术

当对方在罚球区内防守兵力较强，或对方队员身高明显占优时，也可以通过短传配合来打角球进攻战术。此时，踢角球的队员通过地滚球将球传给接应队员，接应队员一般在罚球区外接球，然后再寻求进一步的配合，或是趁对方防线移动暴露空当时将球传入罚球区，又或是转入阵地进攻。在角球中采用短传配合时应主要注意避免越位情况的出现。

3. 掷界外球进攻战术

掷界外球虽然不能直接掷入对方球门得分，但也可以成为一个有效的进攻手段，尤其是靠近对方罚球区的界外球，掷球队员可以助跑采用大力掷球的方式将球掷入对方罚球区，为队友创造抢点攻门的机会。

战术要点

（1）在掷界外球时，如果对方尚未组织起有效的防守，应优先将球快速发出。

（2）接球队员应善于通过队友之间的交叉跑位等方式，摆脱对手在局部的压迫防守，获得接球机会。

（3）掷球队员应掌握好掷球的力度和弧度，以便于队友顺畅地接球。

4. 点球

一般而言，执行点球的队员会采取直接射门的方式来得分，据统计点球得分成功率约为70%。极少情况下执行点球的队员也会采取不直接射门而是传球的方式来进行配合，虽然这种罕见的方式能够起到出其不意的效果，但是对于初学者并不推荐这种配合方式。下面，我们只针对直接射门的罚点球方式提出一些要点。

战术要点

（1）踢球队员在心态上要冷静、坚定，专注于点球过程和技术环节。

（2）在助跑过程中要注意观察守门员的行动，如果能预判守门员的移动方向，则尽量将球踢向相反的位置。

（3）如果守门员固守球门中间位置，则不要犹豫，将球踢向球门一侧的上角或下角。

（4）在助跑阶段可以加入一些"花式"的动作干扰守门员的判断，但应注意避免弄巧成拙。

3.3.5 进攻战术执行小结

通过前文的介绍，可以对从个人到球队整体所能采取的各项基本的进攻战术有了一定的了解。在这里，我们以进攻中战术执行的要点来结束本节内容。

进攻的终极目的是取得进球。球队在进攻中应做到：

（1）要充分利用场地的宽度和长度，创造进攻空间。

（2）要将利用纵向空间和向前传球作为优先选项，力争以最直接的方式将球射进对方球门。

（3）当没有纵向传球的机会时，要通过将球横传、回传、转移等方式，控制进攻节奏，保持控球权，寻找新的进攻机会。

3.4 防守战术

防守战术指对方拥有球权时，本方为了阻止对方破门得分而采取的个人和集体行动。与进攻战术类似，根据执行战术的单位不同，也可以将防守战术分为个人防守战术、小组防守战术、整体防守战术和定位球防守战术4类。

3.4.1 个人防守战术

个人战术

个人防守战术指符合球队整体防守要求的个人防守行动。它是小组和整体防守战术的基础,包括选位、盯人、延缓、驱赶、抢球和拦截球等。

1. 选位

在各项个人防守战术中,选位是构成其他各种战术的最基本的一环。在防守中,场上队员应根据局势的变化,不停地调整自身站位,始终使自己处在有利的防守位置上。通常情况下,最佳的防守位置是对手和球门之间的连线上,而且防守队员身体朝向必须使自己的视野能够同时兼顾对手和球的运动方向。

2. 盯人

盯人是在正确选位的基础上,根据球队战术需要,在特定的区域对特定的对方队员进行贴身跟防,以达到限制对手在进攻中发挥作用的目的。

3. 延缓

延缓指通过特定方式减缓对手的进攻速度,为队友回防创造时间。在比赛中,防守队员常常需要依据场上局势在抢球和延缓这两种个人防守战术中进行选择。一般情况下,当有球区域中本方以多防少时,应立刻对持球人进行抢截;当本方防守人数处于劣势时,就要通过延缓耐心地与对手周旋,等待队友回防支援,也就是所谓的"缓兵之计"。

具体而言,达到延缓对方进攻目的的方式通常有两种:其一是通过防守队员恰当的选位,迫使对手不能纵向传球或者纵向带球,从而延缓对方推进速度;其二则是通过驱赶的方式迫使对方进入对本方防守更有利的区域。

4. 驱赶

驱赶是防守队员通过选位和跑动,迫使对方的进攻只能向本方预设的区域发展，为后续本方实施局部高压防守创造条件的战术。

5. 抢球

抢球是防守队员与对方持球队员争夺球权的战术行动。获得球权是所有防守战术的根本目的，而抢球就是一种非常直接的获得球权的手段。

战术要点

（1）了解对手：在赛前准备或比赛观察中掌握对手特点，如对手速度快慢、惯用脚等，从而有针对性地进行防守。

（2）缩短距离：防守队员应逐渐逼近对方持球队员，使持球队员的注意力更多放在球上，失去观察周围的时间。

（3）身体姿态：防守队员应保持上半身面对对手，双脚应前后斜向站位，以应对对方可能从不同方向发起的进攻。

（4）抢球时机：应当尽量把握对方队员运球后，球已离开脚的时机上抢。

（5）技术运用：防守队员应根据自身与球的距离、位置关系，以及持球队员的行动（习惯）来灵活采取合理的抢截球技术。

6. 拦截球

拦截球是防守队员将对方队员之间的传球从途中截获或破坏的战术行动。

战术要点

（1）预判：防守队员要正确判断对方的意图及球的运行路线。

（2）选位：除了选择能够先于对方队员获得球的有利位置，防守队员还可通过选位来诱使对方队员做出传球的决定。

（3）时机：在预判的基础上，防守队员提前移动，从而成功地在对方队员接球之前将球截获。

3.4.2 小组防守战术

小组防守战术（或称"局部防守战术"）指2名或以上防守队员为了完成防守任务

小组防守战术

而采用的局部协同防守的配合方法。常用的小组防守战术包括保护、补位和围抢等配合方式。

1. 保护

保护指当有一名防守队员实施抢球战术时，另一名队员在其身后为抢球队员随时提供增援的防守行动。

战术要点

（1）距离：防守队员在决定保护距离时，首先应考虑所处的区域，靠近本方球门时保护距离要近一些，反之亦然。其次要考虑对方队员的特点，如对方队员速度较快，则保护距离应远一些；如对方队员擅长狭小空间内的运球过人，保护距离应适当近一些。

（2）角度：负责保护的防守队员所处的位置一般是在抢球队员内侧的侧后方45°，以同时兼顾对方其他队员的接应。

（3）呼应：本方采取防守配合的队友之间要沟通呼应，以便采取统一的行动，同时也在心理上彼此给予支持。

2. 补位

补位指防守队员为弥补队友在防守中出现的漏洞而采取的相互协助的补救措施，一般是由临近位置的队员进行补位防守。

3. 围抢

围抢指在局部区域内，本方防守人数占有优势时，由2~3名防守队员夹抢对方持球队员，从而获得或破坏球权的战术。参与围抢的队员应分别将对方持球队员传球和运球的路线封死，避免被对方突破包围形成更大的防守漏洞。

4. 波动防守与摆动防守

波动防守和摆动防守是由组成防守方后防线或前卫线的球员彼此协作配合实施的小组防守战术；具体采取波动防守还是摆动

防守取决于对方所采取的进攻战术。我们以4名后卫（左后卫、左中卫、右中卫、右后卫）组成的后防线组合为例来介绍这两种小组防守战术。

1）波动防守

当对方球员从中路持球推进时，本方靠近持球队员的一名中后卫上前逼抢，而靠近该中后卫一侧的边后卫及另一名中后卫分别向其两侧后方内收进行保护；与此同时，另一端的边后卫也适当后撤并内收进行保护，从而形成整条后卫线的后撤内收，并保持合理的间距和角度进行保护。这种防线的整体性移动称为波动防守（图3.8）。

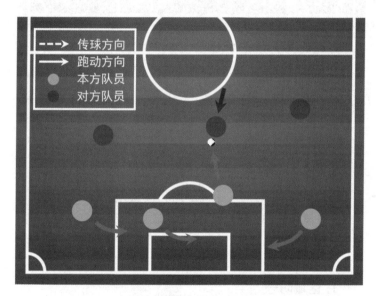

图3.8 波动防守战术示意图

2）摆动防守

当对方球员从边路持球推进时，本方这一侧的边后卫上前逼抢，此时靠近该边后卫一侧的中后卫向其侧后方移动进行保护，同时另一名中后卫及远端边后卫迅速向有球一侧内收移动，并保持合理的间距和角度进行保护。这种防线的整体性移动称为摆动防守（图3.9）。

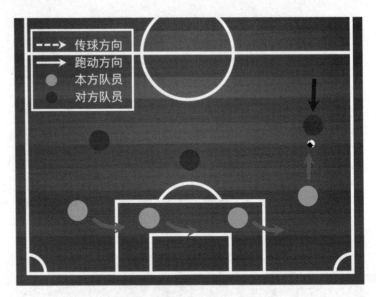

图3.9 摆动防守战术示意图

3.4.3 整体防守战术

整体防守战术

整体防守战术是球队在比赛中通过全队队员的配合行动来阻止对方的进攻的全局性的防守策略和方法。整体防守战术的基本类型包括区域防守、人盯人防守和混合防守；随着足球运动的发展，在原有整体防守战术方式的基础上还衍生出了一种新的方式——压迫式防守。

1. 区域防守

区域防守指防守队员根据阵型分配对应的防守区域，对进入该区域的对方队员实施严密盯防，限制其进攻行动的整体防守战术。采用区域防守的优点是防守阵型的平衡相对容易保持，但缺点是无法给予对方进攻球员持续的压力，对方的进攻空间较大。

2. 人盯人防守

人盯人防守指每名防守队员都对应于对方的一名进攻队员，实施盯人防守，同时相互协作的全队防守战术。采用人盯人防守的优点是能够持续对对方队员施加压力，限制对方球员处理球的时间和空间；但缺点是容易被对方队员通过跑位制造防守混乱和防守漏洞。

3. 混合防守

混合防守是区域防守与人盯人防守相结合的整体防守战术。混合防守不是区域防守和盯人防守的切换，而是针对不同对象预先制定不同策略。例如，针对对方的组织核心、得分手等关键进攻队员实施盯人防守，而对其他队员实施区域防守，以此保持防线的平衡。混合防守充分发挥了区域防守和人盯人防守的优势，避免了采用单一防守方式的局限性，提高了防守的整体效率。

 战术要点

（1）沟通呼应：在区域防守中，当正在盯防的对象由一名防守队员负责的区域进入另一名防守队员负责的区域时，前者要及时提醒后者完成防守交接，交接后及时归位，保持防守阵型的平衡。

（2）协防意识：防守队员要注意对相邻区域的补防，当这些区域出现防守漏洞时要及时补位。

（3）灵活应变：球队在比赛中应根据场上实际情况进行区域防守与人盯人防守的快速转换。例如：在本方球门附近的危险区域盯防对方关键队员时，可由区域防守转换为盯人防守，避免可能因交接防守对象造成的防守混乱；当本方关键区域被突破时，采取盯人的防守队员也要优先进行补位。

4. 压迫式防守

压迫式防守是防守方全队保持紧凑的队形，对对方球员采取贴身紧逼，将对方的进攻限制在狭小的空间内，使对方在高压力的环境中难以组织进攻，甚至出现失误的整体性防守策略，是一种具有侵略性且效果显著的防守战术。但这种防守方式对队员体能的消耗巨大，贯穿全场地采用压迫式防守战术是不现实的。因此，球队往往会在比赛的某些时段或场地的某些区域采用压迫式防守。

1）压迫式防守的3种方式

依据球队采取压迫式防守行动起始位置所处的场地区域不同，压迫式防守有3种方式，如表3.2所示。

表3.2　压迫式防守的3种方式

压迫式防守类型	起始区域
前场压迫	前场靠近对方球门区域
中场压迫	中场区域
后场压迫	后场靠近本方球门区域

这3种压迫式防守方式各有利弊，应根据球队能力、场上局势等情况灵活运用。例如，采用前场压迫进行高位逼抢时，如在这一区域内争抢到球权，由于距离对方球门近，可迅速获得破门得分机会，但同时由于全队都压过对方半场进行防守，造成本方后防空虚、防守薄弱，容易被对方利用。

当然，上述3种压迫方式不是孤立存在的，可以根据球的运行连续采用。例如，球队采用前场压迫式防守但没有成功，对方突破防守推进到中场，此时本方全队可退到中场组织防守，继续进行中场压迫，如仍未能阻止对手进攻，则全队可继续退守到本方半场，采用后场压迫的防守方式连续施压，直至夺回球权。

2）压迫式防守的分工

在采用压迫式防守时，依据队员距球的距离远近，可以将全队队员分为任务不同的3个小组：压迫组、封堵组和保护组。3个小组职责明确、团结协作，建立起3层"包围圈"来阻止对手的进攻。

（1）压迫组

压迫组由有球区域内的防守队员组成。其中一名防守队员负责先行对对方持球队员进行驱赶，限制其进攻方向，随后争抢球；附近的队友则负责对该区域内的对方无球队员贴身压迫，阻止对方队员接球。

（2）封堵组

封堵组由靠近有球区域的防守队员组成，负责封堵对方的传球线路，防止对方通过转移球突破防守。

（3）保护组

保护组由离有球区域较远区域的防守队员组成，主要职责是采取内收站位压缩对方的进攻空间，对另外两组队员形成保护，防止对手攻击防线的身后。

战术要点

（1）明确防守策略：在丢失球权后，是立即采取压迫式防守，还是回撤布防等防守策略的选择问题，需要全队思想统一。

（2）牢记团队观念：队员要明确认识到，采取压迫式防守是全队的战术行动，而不是个人行为，要恪守自己的职责，与团队行动保持一致。

（3）保持队形紧密：在采取压迫式防守时，全队要作为一个整体随球移动，保持紧密的队形。

3.4.4 定位球防守战术

在现代足球中，定位球在进攻中的战术价值越来越受到重视；对应地，防守方如何破解对方的定位球的进攻，也就成为各支球队防守战术手册中的重要内容。

定位球防守战术

定位球防守战术是以整体防守战术为基础的。具体而言，在定位球防守中通常运用区域防守结合人盯人防守的混合防守战术，即一些队员负责进行人盯人防守，而其他队员负责区域性站位以填补防守空当。针对所防守定位球的具体类型，我们分别介绍防守要领如下。

1. 任意球的防守战术

依据任意球的地点不同，任意球防守的方式也有所变化。例如：防守远距离的任意球（如30m以上的任意球）一般不需要设立人墙，以免阻挡守门员的视线；防守近距离的前场任意球，尤其是罚球区附近的任意球则需要防守方精心布置人墙，来尽量封锁对方直接射门的线路。下面给出针对罚球区附近任意球防守的要点。

战术要点

（1）根据任意球和球门的相对位置，采用不同的人数组织人墙。罚球点在球门的正前方，人墙以5～6人为宜；罚球点在球门的侧前方，人墙以3～4人为宜；罚球点在球门的侧方，人墙有1～2人即可。

(2) 一般而言，人墙主要负责封锁射向球门近角的路线，人墙的最外侧的防守队员的站位应从球与近门柱的连线上再向外侧横跨一步，以防止对方踢弧线球绕过人墙破门。

(3) 一般由守门员负责指挥人墙排布，也可由站位在最外侧的队员负责。

(4) 守门员的选位应略微偏向远门柱，处在既能看见球，又能看清罚球队员的动作，还能照顾整个球门范围的位置为佳。

(5) 除排墙队员外，其他防守队员负责控制对方队员和封锁进攻关键区域，同时对对方的重点队员进行人盯人防守。

(6) 任意球发出后，防守队员抢到落点解围时，应尽力将球踢向或顶向球门侧方的空旷地带。

(7) 防守队员应注意对球的第二落点进行控制和争夺。

(8) 防守队员身体的朝向要人球兼顾，同时要始终争取占据身体位置的优势，以求在对方之前获得球权，或抢占对方队员企图抢点射门的位置。

(9) 在完成定位球防守后，全队要根据新的攻守形势及时重整阵型。

(10) 要具备反击意识，可在防守时由1~2名持球反击能力突出的队员埋伏在有利于发起进攻的位置，伺机发起快速反击。

2. 角球防守战术

战术要点

(1) 在角球防守的站位中，一般可以让本方擅长头球的3名队员在球门区线附近，分别占据前点、中点和后点进行区域防守，彼此间距2~3m。如判断对手可能发内旋球时，则可加派一名队员站在近端球门柱处，封住球门近角。

(2) 针对对方可能直接抢点攻门的队员采用人盯人战术，限制其行动；其余部分队员占据可能形成射门的其他重点区域，采取区域防守，全队保持紧密队形。

(3) 角球发出并由本方将球解围后，后防线不要急于前压，在确保第二落点被本方控制，对方无法继续组织进攻的情况下再调整阵型。

(4) 注意安排队员伺机发起快速反击。

3. 掷界外球的防守

 战术要点

（1）本方将球踢出边线后要立即组织起下一波防守，防止对方快发界外球。
（2）可在发界外球的区域采取人盯人防守，防止"漏人"。
（3）如判断对方将要采用大力将界外球掷入本方罚球区的战术，则可借鉴角球防守的方式及时布防应对。

3.4.5 防守战术执行小结

通过前文的介绍，相信读者对从个人到球队整体所能采取的各项基本的防守战术有了一定的了解。这里总结出球队在防守中战术执行的要点来结束本节内容。

防守的终极目的是阻止对方射门得分，夺回控球权。球队在防守中要注意：

（1）要能根据场上情况，灵活地在区域防守、人盯人防守和压迫式防守等多种防守方式之间组合切换。

（2）在不适用压迫式防守的场景下，防守队员不要草率逼抢对方，以免破坏本方防守的整体性，同时防止浪费体力。

（3）全队整体要随球移动，保持紧凑的防守队型，缩小3条线之间的距离，压缩对手进攻空间。

（4）注意队员相互之间的保护、补位和防线的平衡。

3.5 攻守转换中的战术执行

攻守转换是足球比赛中一种常见的，但也是特殊的状态，指的是控球权发生转换前后的一小段时间。把握好攻守转换中球队的战术执行，对于赢得比赛有着重要的意义。当球权发生交换时，场上的队员要迅速反应，尽快从一个比赛目标向另一个比赛目标转变，形成有效队形；其中，最关键的行动来自获得球权的队员或丢失球权时离球最近的队员，这名队员的行动将决定攻守转换中的比赛节奏。

根据球权转换发生之前本方处于的状态，我们按照"由守转攻"和"由攻转守"两种情况来介绍攻守转换中战术执行的要点。

3.5.1 由攻转守时的战术执行

当本方失去球权、全队由攻转守时,首先要根据对方掌握球权的情况和丢球区域内双方队员的数量对比,迅速决定防守策略。如果对方已将球控制,且在有球区域对方进攻队员占据数量优势,则距对方持球队员最近的本方防守队员应及时对对方持球球员施压来延缓对方进攻速度,封堵对方向前传球的路线。其他队员快速回防到位,组织好防线。如果在丢失球权的片刻,对方队员未能将球控制好,且在有球区域本方防守队员占据数量优势,本方则应立刻采用压迫式防守。距对方持球队员最近的本方防守队员马上对其进行逼抢,限制其进攻方向,将其驱赶向特定的位置,其他队员迅速跟进,按照职责要求,全队进入压迫状态。

3.5.2 由守转攻时的战术执行

当本方获得球权、全队由守转攻时,获得球权的队员首先要观察是否有向前传球、快速创造攻门机会的可能。如有足够的空间和传球线路,则应果断发起反击,力争用最少的传球、最快的速度形成射门。如果没有好的快速反击机会,则应保持控球权:有球区域相邻的队友应迅速形成接应队形,通过传递将球控制在本方脚下;其他队员则迅速拉开空间,占据边路、中路等位置,全队转为阵地战。总之,获得球权的队员要在最开始的几秒时间内做出决策,而无球队员也要对场上形势做出预判,通过主动的跑位来创造进攻空间和进攻机会。

3.6 足球比赛的阵型

1. 比赛阵型的概念
足球比赛的阵型指比赛中队员位置的排列及其战术任务,是球队攻守力量搭配和职责分工的表现形式。

2. 队员的位置职责
一般而言,场上队员可以分为前锋、前卫(也称"中场")、后卫、守门员4种角色(表3.3)。

表3.3 队员的位置及职责

阵型中的位置	战术职责
前锋	进攻箭头。负责制造和利用进攻空间，突破对方的防线，担当进攻的支点和"攻城拔寨"的任务，也是防守的第一道屏障
前卫	攻防枢纽。进攻的组织者和防守的重要力量，该位置的队员还可以细化分工，承担不同的攻防比重
后卫	防守中坚。肩负防守重任，在进攻的发动阶段也是一个重要的参与者，在进攻中还会根据更加细化的位置承担具有不同侧重的任务
守门员	镇守球门。同时对本方后卫进行保护甚至补位，有时也是进攻的发起者，负责分配、转移进攻的方向，参与后方之间的传递球

3. 比赛阵型的选择

比赛阵型的选择通常取决于以下因素：球队的目标、队员的能力和经验、对手的情况、教练员的能力和比赛的各种客观条件（如场地设施的情况）等。比赛阵型通常以后卫-前卫-前锋3个位置上的队员的人数（不包括守门员）来命名，一般是3个或4个数字①。常用的比赛阵型有：4-3-3、4-2-3-1、5-3-2、4-4-2等。

①
当由4个数字组成时，通常中间两个数字表示前卫队员的站位具有明显的层次。例如，4-2-3-1阵型表示前卫队员有2名偏向于防守站位，3名偏向于进攻站位，以此类推。

在一场足球比赛中，球队的阵型并不是一成不变的，最常见的变化就是根据攻守任务进行转换。以4-2-3-1阵型为例（图3.10）：当本方获得球权从后场组织进攻时，阵型可以转换为2-4-3-1，也就是两名边后卫队员进入前卫线站位；在中场控球进攻时，阵型可以转换为2-3-2-3，原本前卫线的队员进入锋线站位；当在前场进行配合进攻时，则可以转换为2-1-4-3，进一步加强前场的进攻力量。当本方防守时，在前场区域进行压迫式防守，阵型可以转换为4-1-4-1，保证前卫线上参与压迫的队员人数；当在中场防守时，阵型转换为4-2-3-1；当退回到后场区域进行深度防守时，阵型可以转换为4-5-1。

此外，在比赛中球队处于比分领先或比分落后等不同情况时，为了达到球队的战略目标（如保住领先优势或争取逆转比赛），也可以通过调整阵型，重新分配攻守力量。

足球比赛的阵型

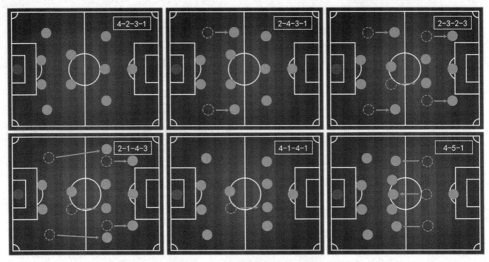

图3.10　4-2-3-1阵型攻防变化图

4. 比赛阵型的调整

足球是一项动态的运动，比赛阵型是柔性的，是一个队员在场上位置排列的基本框架，不见得在球场任何一个区域、任何场景下都合适。因而，我们在此强调，在比赛中应根据比赛场景、任务、要求等因素随时调整队员彼此之间的距离、位置和角度，以形成动态的攻守平衡。

3.7　足球意识

经过前文对于足球比赛战术知识的全面介绍，相信读者已经认识到，战术的执行有赖于场上队员根据时间、空间、对手、队友等多重因素对自身应该采取的战术行动进行决断。而能否做出正确的决断，以及能否及时地做出决断，就取决于队员大脑中的足球意识。

足球意识是队员对足球比赛规律的认识，并根据临场变化适时地采取正确、合理、有效行动的思维能力。球员和球队的技术、战术、体能等优势，必须经由良好的足球意识才能有效发挥。

足球意识是由球员在场上的行动所反映的，这里的行动不

足球意识

仅仅指球员做出的战术决策，还包括在做出决策前收集信息的行动，也就是教练员经常提醒队员的"想在前头"。例如，当队员在跑动中准备接球时，需要时不时地环顾球场，搜集对手和队友的位置、状态等信息，并根据这些信息提前计划接球后的行动，从而能够合理、快速而游刃有余地处理球。

3.8 教练员的临场指挥

教练员的工作目标是提高运动员的竞技水平，率领球队在比赛中创造佳绩。职业俱乐部的主教练所承担的责任就更广泛了，如俱乐部建设、俱乐部的可持续发展等一系列问题。承担教练员工作需要很强的综合素质，不仅需要具备运动训练方面的专业素养，还需要具备教育学、心理学、生理学、营养学、社会学、管理学等学科的知识。但在赛场上，教练员最重要的一项职能就是指挥球队追求比赛既定目标的实现。下面简要介绍教练员应如何进行临场指挥。

教练员的临场指挥

在临场指挥中，教练员首先要对双方的临场情况做出判断。对于本方而言，教练员需要判断本方在赛前布置的攻、防战术是否奏效；执行赛前所制定的战术、策略是否顺利；队员的技战术、心理及体能表现是否稳定等。对于对方而言，教练员需要判断对手的临场情况是否与本方赛前的预判相一致；对方各个位置队员，尤其是攻、防两端核心队员的主要特点；对方阵容中的薄弱环节等。

基于对双方情况的了解、判断，根据比赛进行情况，教练员可以从以下几个方面对比赛施加影响：对场上球员的表现提出反馈和建议改变场上阵型；改变场上打法；进行换人调整等。

（1）本方场上局面被动或比分落后，需要改变战术打法时。

（2）双方处于僵持局面，本方希望打破僵局，并在赛前有相应的针对性预案部署时。

（3）本方场上队员在比赛中状态欠佳，发挥失常时。

（4）本方场上队员因为受伤不能继续参加比赛时。

（5）本方场上队员情绪不稳定，已经或可能对球队产生负面影响时。

（6）本方场上队员体能下降，跟不上比赛节奏时。

（7）比赛大局已定，需要为后续的比赛保存队员体能时。

（8）需要培养年轻队员，锻炼新人时。

足球比赛中，教练员的指挥也可以成为一门"艺术"。和技战术的练习一样，指挥比赛也是一个熟能生巧的过程，需要在实践中去积累和感悟。

3.9 现代足球运动竞技能力发展特点

足球的发展源自人们对竞技体育更高、更快、更强、更团结的精神内核的美好追求。在这个过程中，足球的战术也在不断革新、进化。在此，我们总结现代足球战术与竞技能力要求发展的主要特点，为广大球迷欣赏足球之美提供一些参考。

1."攻势足球"成为主流

总体而言，当今高水平的足球队更多地采用"攻势足球"的打法理念。近年来，足球竞赛规则向着鼓励进攻的方向做了一些调整改动，为更讲究技术、注重配合的球队创造了有利条件；相应地，比赛观念也随之发生转变，由过去的"力保不输球"这种较为保守的理念，转向为更为积极的"为了胜利而比赛"的理念。这种转变也使得足球比赛更加具有观赏性。

2."全攻全守"成为标配

足球比赛发展至今，全员参与整体攻防的"全攻全守"理念已经深入人心，成为强队的"标配"。对于球队来说，在比赛中讲究共同进退、步调一致、行动统一；对于队员来说，则要求技术全面、攻守兼备。"全攻全守"的理念在比赛中有许多表现。例如：中锋不仅需要为球队"攻城拔寨"，有时还是本队防守的第一人；守门员不仅要力保球门不失，还需要参与后场进攻的组织。在现代足球比赛中，任何一名队员的临场表现都可能会对全局产生影响，没有队员能够游离于团队之外。

3. 防守的压迫性和策略性

在今天的足球比赛中，防守一方越来越多地采用整体压迫式防守，组织密集的防守队形，快速紧逼对手，并将防守战线前移。采用压迫式防守的时间、区域也越来越细化，根据场上局势采用立即压迫和延缓回撤两种防守方式之间灵活转换，形成压迫、退守、再压迫，反复地向对手施加压力。可以说，通过压迫式防守获得球权，已经成为一支球队的必备能力和最有效的防守手段。另外，队员的防守动作也更加规范，在选择犯规的时机和位置等方面变得更加谨慎和"聪明"。

4. 快速的攻守转换

相比更早时期的足球比赛，当今比赛中攻守转换的节奏更加快速，球队利用攻守转换"时间窗"发动快速反击的战术越来越普遍。在"攻势足球"的潮流中，防守反击战术始终占有一席之地，并且凭借攻守转换瞬间的全力爆发，为球迷奉献了很多精彩场面。

5. 压力下的技术运用

当今足球比赛是在强对抗、高压力下进行的，这就对队员的技术能力提出了更高的要求，队员必须具备在压力下快速、准确运用技术的能力。与此同时，防守一方也极尽可能地压缩进攻空间。在狭小的空间和激烈的身体对抗中完成的精妙配合，更加令人惊叹。

6. 定位球越来越高的影响力

近年来，足球比赛中通过定位球破门得分占总进球数的比例不断攀升。例如，2021—2022赛季英超联赛冠军曼城队在联赛中的总进球数为99个，其中直接通过定位球取得的进球有22个，占比22%。与此同时，曼城队在定位球的防守端也有上佳表现，该队整个赛季失球共26个，其中仅有一球来自对方的定位球进攻。可以说，定位球的攻防战术在当今足球比赛中占据了重要位置。

7. 比赛阵型的灵活应用

阵型是球队应对比赛的基本形式和框架。为了在比赛的各个时段、赛场的各个区域获得主动权，球队往往会打破阵型的禁锢而灵活应变，所谓"有形是为了更大的无形"。队员之间的位置变换更为频繁，对角色的转换更加习惯。多变灵活的阵型已经成为球队战术成熟性的标志和有效性的保证。

8. 更高的队员体能要求

现代足球比赛高强度、快节奏比赛的方式对队员的速度、耐力、力量、灵敏等身体素质要素提出了极高的要求，队员的体能有向"超人"方向发展的趋势。

足球运动与科学

9. 足球成为智慧的比拼

足球运动发展到今天,已经不仅仅是身体的较量,更是心智的较量。队员面对瞬息万变的复杂局面,需要时刻进行观察、判断、决策和行动,从进攻中捕捉稍纵即逝的破门机会,到防守中危急时刻的力挽狂澜,无不体现出准确预判、快速决策的重要性,也体现出运动员们在这方面的进步。

10. 更高的纪律和心态要求

现代足球比赛强调整体作战,这就要求队员必须具有团队意识、奉献精神和责任担当。同时,队员还要学会在场内激烈对抗和场外舆论环境的压力下有效调节自己的心态,这已经成为职业队员必备的素质。同时,足球比赛对于队员和教练员的思想道德要求也越来越高,要求行为举止更加文明,在比赛中严守竞赛规则。总而言之,足球比赛正向着更加文明的方向进步。

第4章
足球竞赛规则

4.1 足球竞赛规则的诞生

19世纪初，现代足球运动由英国开始盛行于欧洲大陆，但其规则却并未统一。19世纪三四十年代，以剑桥大学为代表的一众经常相互之间举办足球比赛的大学共同拟定了较为统一的足球规则，被称作《剑桥规则》。《剑桥规则》被认为是现代足球运动第一套成文的规则，关于其成文时间的说法有1838年、1846年和1848年等几种，但均没有留下这几版规则的文字记录。1856年，圣约翰学院的赛克斯在他的书信中完整记录下了公认最早的关于《剑桥规则》的成文版本，一共包括11条规则。

（1）参赛俱乐部应以"大学足球俱乐部"命名。

（2）比赛开始时，应将球从场地中间踢出；每次进球后，都要以同样的方式重新开始。

（3）在进球后，应由失球方开球；双方交换球门，除非事先有其他安排。

（4）当球越过场地任意一侧的旗杆连线时，即为球出界，此时应将球直接掷入。

（5）当球越过球门两边时，即球出底线（the ball is behind）。

（6）当球出底线时，应将球置于场地内离出界位置不超过十步的地方，重新开球。

（7）球从旗杆之间低于绳线的范围内穿过时，视为进球。

（8）当一名球员直接从脚上接住球时，他可以直接将球踢出而无须带球奔跑。在其他情形下，除用手阻止球外，手不得触碰球。

（9）当球自本方球门方向而来传给一名球员时，他在对方踢球之前不得触球，除非他身前有3名以上的对方球员。任何球员都不允许在球和对手球门之间游荡。

（10）在任何情况下都不允许抱住、用手推搡或绊倒球员。任何球员都可以以任何方式阻止另一名球员以上述手段获得球权。

（11）每场比赛将由进球数的多少决定胜负。

通过上述规则可以看到，在现代足球发展早期，足球和橄榄球的区别是模糊的，足球规则中甚至允许像橄榄球中一样用手触碰球。事实上，是否应允许用手触碰球是当时人们对《剑桥规则》进行争论的焦点之一，这种争论也促进了足球和橄榄球向两种不同运动的分化。但无论如何，《剑桥规则》在当时有一定的影响力，不仅经常被大学足球队以外的俱乐部和比赛所使用，还在之后的十几年进行了多次更新。1863年11月，《剑桥规则》又发布了新的版本，在这一版本《剑桥规则》的影响下，同年12月，刚成立不久的英格兰足球总会召开会议，制定了一套足球竞赛规则（laws of the game）。这套规则共包含以下13个条目。

（1）场地的最大长度应为200yd（1yd=0.91m），最大宽度应为100yd，长度和宽度应用旗标标出；球门由两个竖立的杆定义，相距8yd，竖杆之间没有任何横杆或带子穿过。

（2）猜对抛硬币结果的一方应获得选择球门的权利。由猜错抛硬币结果的一方从场地中心地面开球来开始比赛，另一方在球开出前不得处于距离球10yd以内的区域。

（3）在进球后，应由失球方开球，并且交换球门。

（4）当球穿越球门线或球门柱之间的空间（无论高度如何）时即进球，但不能是由（用手）扔、击打或携带等方式穿越。

（5）在掷边线球时，第一个捡起球的球员应从边线上球的出界处将球以与边线垂直的方向掷入。

（6）当一名球员将球踢出后，同队中任何比该球员更接近对方球门的球员不能参与比赛（out of play），即既不能触球也不能以任意方式影响其他球员触球，直到有其他球员对球做出处理；当球是从球门线后被踢出时，则没有球员受到上述不能参与比赛的限制。

（7）当球越过一方底线时，如果该方球门所属一队的球员先碰到球，则该队的一名球员获得一个任意球，从底线上正对触球处的位置开出；如果对方的球员先碰到球，则对方的一名球员获得一个任意球，从球门范围内距底线15yd处正对触球处的位置开出。此时，对方球员必须站在自己的球门线后，直到对方完成开球。

（8）如果一名球员从对方截获足球（fair catch[①]），则他获得一个任意球，前提是他立即用脚后跟划出一个标记来做出表示；为了开出任意球，他可以后退任意距离，直到球开出前对方球员不能前进至超过其标记。

（9）禁止携带球。

（10）禁止故意踢人和绊人，以及故意用手抱住或推搡对方球员。

（11）球员不得将球扔或传给其他人。

（12）任何球员都不得在比赛进行中以任何借口用手从地面上拿球。

① 安全接球的规则现在还存在于橄榄球规则中，但足球中已经没有类似的规则。

（13）任何球员都不得在鞋底或鞋跟上使用突出的钉子、铁板或硬胶皮。

可以看到，1863年的足球竞赛规则比较粗略、简单，也与现行的足球竞赛规则在规定和术语上都有很多区别，但它仍为现今足球的竞赛规则打下了基础。在足球竞赛规则面世的100多年来，国际足球理事会每年都会对足球竞赛规则进行补充和修改，使之更合理、更完善。经过百余年的努力，足球竞赛规则逐渐形成了一个完整科学的体系，指引足球运动朝着正确的方向发展。在本章中，我们将简单介绍现行足球竞赛规则中的一些主要内容，以做了解、入门之用。关于规则的细节，可以进一步参考市面上出版的专门的足球竞赛规则类书籍。

4.2 比赛场地

现代足球比赛中，一块完整的足球场地由点和线划分出不同的区域，如图4.1所示，这些点、线和区域包括以下6类。

比赛场地

图4.1 场地图示

1. 边线、球门线

足球比赛场地必须为长方形，其中两条较长的边界线为边线，两条较短的边界线为球门线。这些线作为场内各个区域的边界线，线的宽度不应超过12cm。

为了保证足球比赛场地大小的相对一致性，足球竞赛规则规定了场地长度、宽度的范围。其中国际比赛的场地长度不得多于110m或少于100m，宽度不得多于75m或少于64m。世界杯决赛阶段的比赛场地长度为105m，宽为68m。当然在一些民间的赛事中，场地的大小可以因地制宜，依据实际情况进行一定的调整。

2. 球门区

从距每个球门柱内侧5.5m处，画两条垂直于球门线的线。这些线延伸向比赛场地内5.5m，与一条平行于球门线的线相连接。由这些线和球门线组成的区域范围即为球门区。

3. 罚球区

从距每个球门柱内侧16.5m处，画两条垂直于球门线的线。这些线伸向比赛场地内16.5m，与一条平行于球门线的线相连接。由这些线和球门线组成的区域范围即为罚球区。

4. 角球区

在比赛场地内，以距每个角旗杆1m为半径画1个1/4圆，该区域即为角球区。踢角球时，球必须放定在球越过球门线时最接近的角球区内。角旗是场地四周的标志，垂直竖于边线与球门线外沿交接点处。在比赛场地外，距角球弧9.15m且垂直于球门线处做一个标记，称为"9.15米限制线"，以保证在踢角球时守方球员能退出的距离。

5. 罚球点和罚球弧

在每个罚球区内距球门柱之间等距离的中点11m处设置一个罚球点，罚点球时，球必须放定在罚球点上。在罚球区外，以距每个罚球点9.15m为半径画一段弧。在罚点球时，除主罚球员与对方守门员外，其他球员须在该罚球区和罚球弧外。需要注意的是，罚球弧内的区域和罚球区是两个不同的区域。

6. 中线、中点、中圈

两条边线的中点相连接构成中线，中线把全场划分为两个相等的半场。中线的中点为开球点,以中点为圆心,9.15m为半径画一圆即为中圈。

此外,足球场地上通常还有两类具有高度的标志物——球门和角旗杆。球门由两根立柱和一根横梁组成,足球竞赛规则规定,球门必须放置在每条球门线的中央,两根立柱内沿之间的距离是7.32m,从横梁的下沿至地面的距离是2.44m。球门柱和横梁必须是白色的,宽度和厚度必须与线宽一致,且不得超过12cm。球门后方还会系上球门网,但要适当地撑起以不影响守门员的活动。

角旗杆是球门线与边线分界处的标志,位于场地的4个角上,通常应为不低于1.5m的平顶旗杆,上系小旗一面。要求旗杆为平顶主要是为了保护运动员的安全,避免戳伤运动员。

4.3 比赛用球与球员装备

4.3.1 比赛用球

球的形状、材质、大小、质量和气压等因素都会对球员的脚感和球的运行产生影响,并进一步影响球员和球队技战术水平的发挥。合格的比赛用球需要满足以下条件:

(1)球应为圆形;
(2)由合适的材料制成,现在的足球多使用合成材料;
(3)球的周长为68~70cm;
(4)球的质量在比赛开始时应保持在410~450g;
(5)球内气压为60.6~111.1kPa。

此外,针对由国际足联、洲际联合会主办的正式赛事的比赛用球,国际足联还有专门的文件来进行规范。

裁判员在比赛开始前,需要使用气压表、皮尺等测量工具,对比赛用球逐个进行检查。由于现在许多比赛采用多球制,裁判员在赛前通常会检查10个比赛用球。比赛中如果出现球破裂或损坏的情况,裁判员需要做出应对处理。如果球在比赛过程中破裂

比赛用球

或损坏，应停止比赛，使用更换的新球在原球破漏时所在位置，以坠球方式重新开始比赛；如果球在开球、球门球、角球、任意球、罚球点球或掷界外球等情况下，即"死球"时破裂或损坏，则按照相应的规定更换新球重新开始比赛。

4.3.2 球员装备

足球运动装备有鲜明的运动项目特点。总体而言，足球运动的着装需要规范，并符合相应的安全性要求。规则规定，队员不得使用或佩戴具有危险性的装备或任何物件，如戒指、耳环等各类饰物。假如有些球员由于疾病、受伤等情况需要佩戴眼镜或佩戴面具上场时，规则要求所佩戴的物品需要是紧贴面部、无棱角，且对别人和自身无危险的运动专用眼镜、面具等，并在裁判员检查和同意的情况下球员方可使用。

球员参加比赛时必须穿戴如下装备：

（1）有袖上衣、短裤、护袜。其中，守门员可以穿着长裤进行比赛。另外，连体运动服（上衣和短裤连成一体）在正式比赛中是不允许穿的。

（2）护腿板。护腿板对小腿胫骨、腓骨的保护作用非常重要，为了避免足球运动中的伤害事故，以及保护在拼抢过程中极易受伤的小腿部位，足球竞赛规则中要求必须佩戴防护装备——护腿板。具体而言，护腿板应放置在护袜内，且必须被护袜完全包裹。

（3）球鞋。球员不允许光脚参加比赛，如若在比赛中球鞋意外脱落，球员必须在随后比赛停止前尽快整理好装备方可继续进行比赛。

在比赛中，为了更好地识别双方队员，双方的服装颜色应有明确区分。另外，队员的着装颜色也必须有别于对方球队和比赛官员。双方守门员的着装颜色必须有别于其他场上队员和比赛官员，如果双方守门员的上衣颜色相同且无法更换，裁判员可以允许比赛正常进行。

球员装备

4.4 比赛人员

4.4.1 球员

比赛球员

根据竞赛规程规定，参赛队必须在比赛开始前，在规定时间提交上场队员、替补队员及球队官员的名单。只有在名单上的人员才能够在比赛期间进入比赛场地。

一场足球比赛由两队参加，每队最多可有11名场上队员，其中1名必须为守门员。如果任何一队场上队员人数少于7人，则比赛不得开始或继续。在日常的比赛中，有可能会遇到由于交通、天气等因素的影响，致使其中一参赛队在比赛开始时，到场参加比赛的球员人数为7人。在这种情况下，只要符合规则中对基本人数的规定，裁判员就可以开始比赛。

除场上队员外，比赛时还可以有若干名替补队员在场边待命。级别、性质不同的足球比赛，替换人数也有所不同。根据最新规定，在国际足联、各洲际联合会或各国足球协会举办的正式赛事中，常规时间（90min）内替补登场的队员最多不能超过5人，最多分3次完成换人。近年来"脑震荡换人"规则逐渐在一些比赛中推行，即当场上队员发生头部激烈碰撞的情况时，可以进行一次不计入常规换人名额和次数的额外换人，以保护球员的身体健康。此外，在非正式比赛中，替补球员登场的人数和次数等规则可由赛事主办方或比赛双方自行商议决定。

4.4.2 裁判员

裁判员

现代足球运动产生初期，赛场上没有裁判员，场上出现任何纠纷都是由双方的队长通过讨论进行决定。随着这项运动变得越来越受大众欢迎，且比赛对抗日渐激烈，争议时常发生。在这种状态下，比赛双方就有了需要一个中立的争议评判人的愿望，以解决场上的纠纷。在此背景下，裁判员角色应运而生。1863年，足球赛事中最早出现了裁判员一职，那时裁判员只能在场外通过喊叫和手势进行判罚，不得进入场内，但裁判员的喊声和肢体语言多数都被淹没在热烈、嘈杂的比赛环境里。此后，裁判员又用锣声执法以加强判罚的效果。1875年，裁判员开始使用哨子执裁，由于其具有便于携带、声音响亮等的特点，哨子迅速成为裁判员的必备用品。1891年，足球竞赛规则确定裁判员由站在场外执裁改为进入场内执裁，从此裁判员的身影开始穿梭于绿茵场上。

现在，每场足球比赛都由一名裁判员来管控比赛，这名裁判员也被称为"主裁判"。他手握哨子，随着比赛的焦点奔跑、做出判罚决定。裁判员拥有全部权力去执行与比赛相关的竞赛规则，其职责如下：

（1）执行足球竞赛规则。一切不符合规则要求的情况裁判员都应进行管理或相应的处罚。特别地，为了比赛的公平性，以及比赛的流畅进行，比赛中并不是所有的犯规都必须立即鸣哨停止比赛。足球竞赛规则中专门规定了有利原则（advantage）：当犯规发生时，未犯规队伍根据有利原则可以获益时，则允许比赛继续进行；如果预期的"有利"在那一时刻或随后的几秒钟内没有发生，则判罚最初的犯规。当犯规或违规情况发生时，裁判员需要合理运用有利原则在规则范围内更好地控制比赛。

（2）与其他比赛官员协作管理比赛。在球场上，裁判员不是一个人在战斗，而是一个团队相互协作，共同完成执裁任务。团队包括裁判员、助理裁判员、第四官员、视频助理裁判等比赛官员。

（3）记录比赛时间、比赛成绩、并向相关机构提交比赛报告，报告内容包括本场比赛发生的纪律处罚信息及关键事件。

除上述的基本职责外，裁判员还常常需要对比赛中的一些突发情况做出处理。例如，当场上有球员受伤的情况出现时，裁判员需要迅速对受伤的情况做出判断并决定：如果队员仅是轻微受伤，则允许比赛继续直至比赛停止；如果队员严重受伤，则停止比赛，确保受伤队员离开比赛场地。除出现严重受伤或受伤队员为守门员或者同队队员发生碰撞等情况外，受伤队员不可在比赛场地内接受治疗。受伤离场治疗的队员在比赛恢复后经裁判员允许才可重新进入比赛场地。

当场上队员出现受伤流血的情况时，裁判员还需要确保流血的队员及时离开比赛场地。接受处理的球员必须在其流血已被止住装备没有血迹的情况下，经裁判员示意后，才可重新进入比赛场地。不允许受伤后流血不止的球员在场上参加比赛，是为了保护所有参赛球员的健康及足球运动的形象。

当发生场外干扰和不可抗力因素时，裁判员也需要就是否暂停、中断或中止比赛做出决断。例如：观众闯入赛场、场内球迷骚乱使比赛无法进行；或出现雷电、雨、雪、大雾等恶劣天气，以及夜间比赛时赛场灯光出现故障等情况。为确保运动员和观众的安全，依据事件严重程度，裁判员有权暂停、中断或中止比赛。

在场上，裁判员的决定通常是通过哨声和手势传达的。国际足联制定的足球竞赛规则中裁判员的手势有5种，分别为直接任意球手势、间接任意球手势、继续比赛手势、警告（黄牌）和罚令出场（红牌）手势（图4.2）。另有3种通用手势，足球竞赛规则中没有规定，它们是球门球手势、角球手势、罚球点球手势。

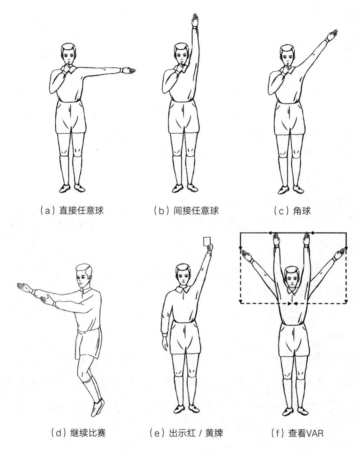

(a) 直接任意球　　(b) 间接任意球　　(c) 角球

(d) 继续比赛　　(e) 出示红/黄牌　　(f) 查看VAR

图4.2 裁判员手势

4.4.3 助理裁判员

上文提到，包括裁判员（主裁判）在内，比赛官员是一个团队，共同合作保障比赛的顺利进行，其中就包括助理裁判员。一场比赛一般至少有两名助理裁判员，活动在足球场的两条边线处，手持旗子。助理裁判员的主要职责包括：

（1）球出界后，指示由哪一队踢角球、球门球或掷界外球。

（2）举旗示意越位犯规。

（3）队员替换时举旗示意，并监督队员替换程序。

（4）在罚点球时，助理裁判员负责观察守门员是否在球被踢出前离开球门线，以及球是否越过球门线。如发现球员出现违规行为，应提示裁判员做出判罚。如果比赛选派附加助理裁判员，则该名附加助理裁判员的选位应在与罚球点齐平的位置上。

此外在比赛需要的情况下，助理裁判员可进入比赛场地协助裁判员管理比赛。当助理裁判员的观察角度比裁判员更好时，需提示裁判员发生的犯规和违规情况。

当出现上述的情况时，助理裁判员通过如图4.3所示的旗示，向裁判员示意。有时，主裁判也会主动走向助理裁判员，就复杂情况或有争议的情况与助理裁判员进行交流。

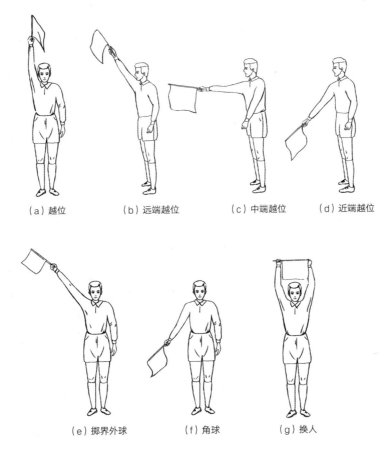

图4.3 助理裁判员旗示

4.4.4 第四官员

第四官员也是比赛官员团队的一员，通常站在场地边线外侧中央处。第四官员的主要职责如下。

（1）负责按照规则程序进行队员替换，并仔细核实替补队员名单、确认替换人数等。

（2）检查场上队员和替补上场队员的装备。在入场前他需要和裁判员、助理裁判员一起对上场队员进行装备检查，另外他还需要在替换队员时，对即将上场的替补队员进行装备检查。装备检查完毕后，在比赛停止时举起换人牌示意，在裁判员允许后方可让替补队员进入场内。

（3）在裁判员同意后让场下队员重新进入比赛场地。当出场接受医护或调整装备等情况的队员需要重新进入比赛场地时，第四官员需要对其进行监管，在裁判员同意后才可重新进入比赛场地。

（4）监管用于更换使用的比赛用球。

（5）在各半场（包括加时赛）结束时，展示裁判员将要补足的最短补时时间。按照裁判员告知第四官员的补时时间，在每半场比赛进行到第44～45min之间举牌展示补时时间。

（6）将技术区域人员的不当行为告知裁判员。第四官员还需对双方技术区域内的官员、替补队员、替换下场的队员的行为进行管理，对违背规则的行为通知裁判员对其进行相应处罚。

4.4.5 视频助理裁判员

近年来，为了使比赛结果更加公正、客观，在一些国家的职业联赛，以及各大洲足联、国际足联组织的赛事中逐渐出现了视频助理裁判员（video assistant referee，VAR）。当裁判员在有关以下4类事件的判罚存在"清晰而明显的错误"或"遗漏的严重事件"时，视频助理裁判员方可进行协助。

（1）进球／未进球。

（2）是否判罚点球。

（3）可以直接出示红牌的犯规行为（不包括第二次警告）。

（4）裁判员对违规球队执行警告或罚令出场时出现处罚对象错误。

当发生上述情况时，视频助理裁判员向裁判员告知事件相关信息，裁判员根据视频助理裁判员提供的信息或自己直接回看视频画面做出最终决定。

4.5 比赛流程

我们知道，一场足球比赛通常是90min，在这90min内，会发生许多事件，从而构成整场比赛的完整流程。我们通过比赛时间，比赛的开始、进行、停止与恢复和比赛结果等方面对比赛流程做简要介绍。

4.5.1 比赛时间

1. 比赛时长

比赛时长分为两个时间相等的半场，每半场45min，共90min。当需要进行加时赛时，加时赛也分为两个时间相等的半场，每半场15min，共30min。

2. 中场休息

队员有中场休息的权利，中场休息时长不得超过15min。休息时间计算是从裁判员鸣哨结束上半场比赛，至裁判员鸣哨示意下半场比赛开始的这段时长。加时赛中场阶段没有休息时间，可短暂补水。

3. 补足损耗时间

足球比赛中常常会出现各种原因造成的停顿，尤其是故意拖延比赛时间的行为，使得比赛的净时长减少。这不仅会降低足球运动的吸引力，也有悖公平竞赛的基本原则。因此，足球竞赛规则要求裁判员对每半场因如下情况而损耗的比赛时间予以补足。

（1）队员替换。每次换人损耗时间一般情况下少则30s，长则1min，需要根据情况补足。

（2）对受伤队员的伤情评估和将该受伤队员移出比赛场地。队员受伤倒地不起，队医进场查看伤情或护理，其往往比队员替换耗时更长。有些球队在比分领先的情况下频繁采用倒地不起、佯装受伤的策略，遇此情况时，裁判员应凭借经验进行判断，及时制止此类行为、严格执裁。

（3）浪费的时间。例如，在一些低级别的比赛中，没有采用多球制，也没有球童，比赛中球员大脚解围，将球踢出体育场围栏之外。此时，队员前去捡球，耗时之长可想而知，此情况下所损耗的时间需要补足。

（4）进行纪律处罚。对球员出示红、黄牌进行纪律处罚也需要耗费一定的时间，应根据足球竞赛规则予以补足。

（5）竞赛规程允许的医疗暂停。例如，"补水暂停"（不超过1min）和"降温暂停"（90s~3min）。

（6）与视频助理裁判员"查看"及"回看分析"有关的延误。这在使用VAR视频回放系统的比赛中，也是补时需要考虑的因素之一。

（7）任何其他原因，包括任何明显延误比赛恢复的情况（如庆祝进球、裁判员由于球场出现骚乱而暂停比赛、球场设备出现损坏、角旗杆折断更换等）。

4.5.2 比赛的开始、进行、停止与恢复

1. 比赛的开始（开球）

我们在观看比赛时会见到这样的场景，比赛开始前，裁判员带领双方运动员入场后，将双方队长召集到中线附近，以投掷挑边器（硬币）的方式确定进攻方向及开球权。足球竞赛规则中对开球做出如下规定。

（1）掷硬币猜中的一队拥有选择的优先权。可以选择上半场本方球门的方向，或者先开球。如猜中的一方选择球门方向，则由对方先开球。如猜中的一方选择开球，则由对方选择球门方向。

（2）下半场双方交换球门方向，由上半场开场时开球方的另一方在中圈开球恢复比赛。

开球时双方队员所处的位置及要求如下。

（1）开球队除开球队员外，所有场上队员必须处在本方半场内。

（2）开球队的对方队员必须处在中圈之外的本方半场。

（3）裁判员检查所有队员处于合规的位置后，给出开球信号。当放定在中点的球被踢且明显移动时，比赛即为开始，之后双方队员才可进入对方半场。

（4）开球队员在其他场上队员触球前不得再次触球，否则为连踢，判罚间接任意球。但如果开球队员在其他场上队员触球前通过手球犯规的方式再次触球，则判罚直接任意球。

（5）开球允许直接射入对方球门得分。

2. 比赛进行

除比赛停止之外，其他时间均为比赛进行中，包括球接触场内比赛官员，或者球触及门柱、角旗杆等弹回场内。

3. 比赛的停止

在比赛进行的过程中，比赛有时会停止。当出现如下情况时，比赛即为停止：球出界、球进门、裁判员鸣哨停止了比赛。除上下半场的结束之外，在比赛过程中，即使比赛停止，计时也不会停止。

4. 恢复比赛

比赛停止后，裁判员在对具体情况做出处理之后，需要恢复比赛。恢复的方式有以下3种。

（1）中圈开球恢复比赛。各半场比赛开始及进球后，均以此方式恢复比赛。

（2）通过发任意球、点球、掷界外球、球门球和角球的方式恢复比赛。

（3）坠球恢复比赛。当裁判员暂停比赛，而规则中未明确指出使用上述任何一种方式恢复比赛时，以坠球恢复比赛。

下面，我们具体介绍坠球恢复比赛的方式，对任意球等其他定位球的详细介绍可参见4.7节。

以坠球方式恢复比赛的情况在比赛中时有发生。例如：队员争抢球时，在没有发生犯规的情况下球员受重伤；比赛进行中，场内出现两个足球而且干扰了比赛；比赛进行中遇雷电和大雨；比赛进行中球场照明系统出现故障。裁判员由于上述原因暂停比赛，恢复比赛时，就需要采用坠球的方式。除此之外，当球接触了比赛场地内的比赛官员，随后出现任一队开始了一次有希望进球的进攻，或球直接进入了球门，或控球球队发生了转换，裁判员也需要停止比赛并以坠球恢复比赛。

坠球方法和要求如下。

（1）裁判员持球从腰部的高度让球自然下落，球一落地，比赛即为重新开始。

（2）当比赛被停止时球处于罚球区内，或比赛停止前球最后一次被触及的地点处于罚球区内，则坠球给该罚球区所属球队的守门员。坠球的地点应在罚球区内。

（3）其他所有情况，裁判员坠球给最后触球的球队的一名场上队员。坠球地点在球最后一次被队员、场外因素或比赛官员触及的位置。

（4）执行坠球时，其他所有队员必须距球4m之外，直至比赛恢复。

4.5.3 比赛结果的确定

足球比赛的结果由双方的进球数来决定。首先，我们需要明确进球是如何确定的。当球的整体从球门柱之间及横梁下方越过球门线，并且进球队未犯规或违规时，就为进球得分（图4.4）。为了使比赛结果更加客观，国际足联在足球比赛中引入了一些科技手段。例如，国际足联运用门线系统判断球的整体是否越过球门线，当球的整体越过球门下方的球门线后会马上向裁判员发出信号提示。此外，还有运用VAR系统来判断进球前发生的犯规或违规行为，以此为裁判员的判罚提供帮助。

根据规则，一场比赛中进球数较多的队伍即为获胜队。当竞赛规程要求比赛出现平局或主客场两回合比赛的总进球数相同，比赛双方必须分出胜负时，允许采取以下方式决定获胜队：客场进球规则（客场进球数更多的一方直接获胜）、加时赛、罚球点球决胜。这三种方法可以单独使用，也可组合使用。

图4.4 进球得分示意图

4.6 犯规与不正当行为及其处罚

4.6.1 犯规的处罚

足球是对抗性强、身体接触频繁、争夺激烈的运动项目。足球比赛中许多技战术行动是在攻守双方直接的身体接触中完成的，但这些身体对抗必须是符合体育精神、遵守规则、合理的身体对抗。如果这种对抗超出了规则允许的范围，就会被裁判员判定为犯规，并依据犯规的程度给予相应的处罚。

依据球员在场上做出动作的目的，争抢球的可能性，犯规动作的力度和速度，犯规行为所使用的身体部位，以及触及对手的部位等因素来综合考虑犯规的严重程度。裁判员按照规则，根据犯规的轻重程度，对犯规队员做出相应的纪律处罚。具体而言，犯规程度分为草率、鲁莽、使用过分力量3个等级。

处以警告的犯规

（1）草率，指队员在争抢时没有预防措施，缺乏注意力或考虑，这种情况不必给予纪律处罚。此种情况一般犯规动作力量不大，危险性低。

（2）鲁莽，指队员的行为没有顾及可能对对方球员造成的危险或后果，这种情况下应对犯规队员予以黄牌警告。

罚令出场的犯规

（3）使用过分力量，指队员使用了超出自身所需要的力量，危及对方的安全，这种情况下应将犯规队员罚令出场。

4.6.2　不正当行为的处罚

在足球竞赛中有些球员、球队官员使用了违反规则、有悖于公平竞赛精神的手段和方式，这些行为会对比赛的有序进行、足球运动的健康发展、社会文明等造成负面影响。裁判员需要针对球场上的不正当行为做出纪律处罚。当场上队员、替补队员、已替换下场的队员或球队官员的行为超越了正常的范畴，违反了规则的相应条款，将被裁判员出示黄牌警告或红牌罚令出场，以此来达到警示、教育、惩戒的目的。裁判员从进入比赛场地进行赛前检查开始，至比赛结束（包括罚球点球决胜）离开比赛场地，均有权执行纪律措施。需要裁判员出示黄牌警告的行为通常包括下面6类。

（1）延误比赛恢复。当比赛成死球时，队员通过各种伎俩来使比赛不能及时恢复，从而减少了比赛净打时间，以使本队获利。

（2）以语言或行动表示不满。裁判员作出判罚决定时，球员正常的情绪表达是可接受的。当球员反应过度，行为干扰了比赛、裁判工作，或有损于裁判员的威信时，裁判员可以出示黄牌。例如，向裁判员鼓倒掌等行为应出示黄牌警告。

（3）在比赛进行中，球员未经裁判员许可随意进出场地，将被出示黄牌警告。

（4）当比赛以坠球、角球、任意球或掷界外球恢复时，未退出规定距离。在比赛中裁判员往往先向守方队员提示，如仍不退出规定的距离，将被出示黄牌警告。

（5）持续违反规则。在场上的一名球员连续数次犯规，虽然每一次犯规行为单独来看构不成黄牌警告，但是累加起来破坏了比赛的连续性，干扰了比赛的正常进行，缺乏对比赛的尊重，应被出示黄牌警告。

（6）非体育行为。足球比赛应尊重对手，公平竞赛，体现出良好的体育精神，但有时在比赛中会出现一些与体育精神、公平竞赛相悖的行为，应被出示黄牌警告。例如：假摔，鲁莽的方式踢人、打人，通过手球犯规的方式干扰或阻止有希望的进攻等。

此外，场上球员进入VAR区域，或过分地要求裁判员查看VAR等行为，也应被处以黄牌警告。如果球员直接进入视频操作室，则可以直接被出示红牌罚令出场。另外，以上各条需要黄牌警告的情形不仅适用于场上队员，如果替补席的球员出现类似的行为，裁判员也可以出示黄牌予以警告。

出示红牌罚令出场是足球场上最严厉的纪律处罚。当场上队员、替补队员或已替换下场的队员犯有如下行为时，应被罚令出场。

（1）通过手球犯规破坏对方球队进球或明显进球得分机会（守门员在本方罚球区内除外）。简单而言，破坏对方球队进球指如果不犯规，球就进门了。例如，2010年南非世界杯乌拉圭对阵加纳的1/4决赛上，乌拉圭球员苏亚雷斯在加时赛中著名的"排球救险"。另一种情况是破坏明显进球得分机会，这一行为需要从以下4方面来综合考虑，进而判定是否为破坏明显进球得分机会。

① 犯规发生地点与球门间的距离。犯规发生地点距离球门越近，威胁越大，反之则变小。

② 比赛发展的大致方向，即进攻球员是向球门移动还是向边线移动，如向边线移动则降低了破门得分的可能性。

③ 控制球或得到控球权的可能性。进攻队员控制着球，或有很大的可能性会得到控球权，破门得分的机会也更大。

④ 防守队员的位置和人数。防守队员的位置和人数意味着是否能够有效地参与防守，如果防守队员的位置不佳、人数不足，则意味着对方具有更好的得分机会。

（2）通过可判罚任意球的犯规，破坏对方的进球或总体上朝犯规方球门方向移动的明显的进球得分机会。需要注意的是，当队员在本方罚球区内对对方犯规，破坏了对方明显的进球得分机会，裁判员判罚球点球时，如果是在意图争抢球时造成犯规，则警告犯规队员。除此以外的所有这类犯规，应将犯规队员罚令出场。

（3）严重犯规，危及对方队员安全，使用过分力量或野蛮方式的抢截。

（4）暴力行为，指队员的目的不是争抢球，而是对对方队员或同队队员、球队官员、比赛官员、观众或任何其他人，使用或企图使用过分力量或野蛮动作（无论是否与他人发生身体接触）。暴力行为与使用过分力量的严重犯规的区别如下：

① 实施暴力行为的目的不是争抢球，而严重犯规的行为目的是与对手争抢球。

② 暴力行为可能会发生在比赛进行中，或死球等情况时，而严重犯规只发生在比赛进行中。

③ 暴力行为针对的对象可为对方队员或同队队员、球队官员、比赛官员、观众或任何其他人，而严重犯规针对的是对方队员。

（5）一名球员在同一场比赛中受到第二次黄牌警告。

（6）使用攻击性、侮辱性或辱骂性的语言或行为。有时我们看到球员之间在比赛中发生一些矛盾、争执，球员情绪可控，没有出格，裁判员一般以教育为主，但行为恶劣的必须出示红牌。

（7）咬人或向任何人吐口水。2014年世界杯意大利与乌拉圭的小组赛较量中，当比赛进行到78min时出现了罕见一幕——乌拉圭球员苏亚雷斯咬了防守他的意大利球员基耶利尼。但遗憾的是，主裁判没有看到这一暴力行为，没有给出任何的判罚。事后国际足联启动调查程序，对苏亚雷斯做出处罚如下：禁赛9场国家队赛事，4个月不能参加一切足球活动，并追加罚款。

（8）现在许多比赛设置了视频助理裁判员。在这种情况下，如果有球员或球队官员进入视频操作室，将会严重干扰裁判团队的正常工作。当发生此类情况时，必须向其出示红牌。

4.7 定位球

"定位球"是人们对足球比赛中任意球、点球、角球等从特定地点将球发出的恢复比赛方式的统称。其中，一些定位球在现代足球的规则下具有较高的战术价值，球队甚至会专门针对这种情形制定战术。本节主要介绍直接任意球、间接任意球、点球、界外球、球门球和角球6种定位球。

4.7.1 直接任意球

任意球分为直接任意球和间接任意球两种。直接任意球，指直接踢入对方球门即可

任意球的分类

得分的情况；间接任意球，指当球被发出后，进入对方球门前触及到另一名球员才可得分，如将间接任意球直接踢入对方球门，判为球门球。

判罚直接任意球的情形通常包括以下5种。

（1）侵人犯规，例如踢人、打人、绊人、推人、跳向犯规、抢截犯规、冲撞犯规。足球比赛中允许进行合理冲撞，合理冲撞必须符合下列条件：冲撞时球应在冲撞球员双方控制范围内，冲撞的目的在于获得球，冲撞时使用身体的肩以下肘以上部位冲撞对方的相应部位、手臂不得张开，冲撞时应使用适当的力量。不符合以上条件的冲撞应判罚犯规，如球不在双方控制范围内的冲撞，目的不是获得球的冲撞，用不合理的部位冲撞对方，用合理的部位冲撞对方的身体背部、胸部等其他部位，使用过大力量的冲撞等都属于犯规行为。

直接任意球的判罚

（2）手球犯规（守门员在本方罚球区内除外）。界定手球犯规的部位包括手部和臂部，而臂部的上端边界定义为与腋窝底部齐平。以下行为属于手球犯规：故意用手或臂部触球，手或臂部向球移动；当手或臂部触球时，其位置使身体不自然地扩大；队员手或臂部意外触球后，球直接进入了对方球门；队员手或臂部意外触球后，立即进球得分。

（3）在身体接触的情况下阻碍对方队员移动，包括拉拽对方。

（4）对在比赛名单上的队员或比赛官员实施咬人或吐口水。

（5）向球、对方队员或比赛官员扔掷物品，或用手中的物品触及球。

获得直接任意球的一方，如果将球发出时直接踢入对方球门，即可得分。如果将直接任意球直接踢入本方球门，则判对方获得角球。

4.7.2 间接任意球

间接任意球的判罚

当场上出现下列5种违反规则的行为时，裁判员判罚间接任意球。

（1）以危险方式进行比赛。在尝试争抢球的过程中做出的任何动作，存在着使对方或使自己造成伤害的危险。例如，当攻方一名队员跳起头球时，守方队员跳起用脚踢正处于对方头部的球，该守方队员的动作就是以危险方式进行比赛。如果该犯规动作触及对方队员，则判踢人犯规，罚直接任意球。如果该犯规动作没有触及对方球员或没有对对方球员造成伤害，则判罚间接任意球。

（2）在没有身体接触的情况下阻碍对方行进。当球不在双方的合理争抢范围时，移动至对方的行进路线上以阻碍、阻挡、减缓或迫使对方改变行进方向。

（3）以语言表示不满，使用攻击性、侮辱性或辱骂性的语言或行为，或其他口头的违规行为。比赛中对语言违规行为处罚是判罚间接任意球，不能判罚直接任意球。

（4）在守门员发球过程中，阻止守门员从手中发球、踢球或准备踢球。有时在比赛中会出现对方球员为阻止守门员快速将球发出，挡在守门员面前，从而使得抱在守门员手中的球迟迟进入不了比赛状态。如发生此类行为裁判员应依据本条款进行处罚。

（5）故意用头、胸、膝等部位将球传递给守门员以逃避规则相关条款处罚的行为（包括在踢任意球或球门球时），处罚制造这种行为的球员（例如，球员A用脚将球挑起后，队友B用头将球顶回给己方守门员，守门员用手将球接住，则判定A、B球员违规，对方在守门员用手接球的地点罚间接任意球）。如果该行为由守门员发起，则处罚守门员。

此外，守门员在本方罚球区内的一些违规行为也应判罚间接任意球，例如用手、臂部控制球超过6s；用手或臂部触及同队队员故意踢给他的球，除非守门员已经清晰地将球踢出或试图踢出。举例而言，同伴向本方守门员回传球，守门员本想将球踢向前方，但一脚踢偏，球回旋滚向本方球门，此时守门员赶紧返身将球扑住，这种情况不属于守门员违背规则用手接回传球，不判罚犯规。

获得间接任意球的一方，如果将球直接踢入本方球门，则判对方获得角球。

4.7.3 点球

当队员在本方罚球区内犯有可判罚直接任意球的犯规，如抢截犯规、绊人犯规等行为，则判罚点球。除以上情况外，还有一些日常比赛中不多见的行为，虽然犯规地点并未发生在本方罚球区内，但也应判罚点球。例如，在比赛进行中一名场上队员跑出场外，推搡一名对方在球门后做准备活动的替补队员，裁判员应在距犯规发生地点最近的边界线上以直接任意球恢复比赛，如果该地点位于犯规方罚球区内，则判罚球点球。

此外，关于执行点球的过程，足球竞赛规则中主要有如下规定。

点球的规则

（1）必须明确主罚队员。

（2）球必须放定在罚球点上，即使在场地条件有限的情况下（如在罚球点有积水或不平坦）也是如此。

（3）守方守门员必须处在球门柱之间的球门线上，在球被踢出时，守方守门员必须至少有一只脚的部分触及球门线，或者与球门线齐平或在其后面。

（4）守门员面向主罚队员，不可做出干扰主罚队员的行为，且不可触碰球门立柱、横梁或球网使其晃动，直至球被踢出。

（5）主罚队员和守门员以外的其他场上队员必须在比赛场地内、点球点后、罚球区外及罚球弧外。

（6）主罚队员必须向前踢球。当球被踢且明显移动，即为比赛恢复，主罚队员在其他队员触及球前不得再次触球。

4.7.4 界外球

当球的整体从地面或空中越过边线时，由最后触球队员的对方掷界外球。随着足球战术的不断革新，球队对界外球越发重视，尤其是靠近球门的边线附近的界外球。通过大力将界外球掷入禁区，与队友形成战术配合，能够给对方球门构成极大威胁。虽然球员的力量素质有很大提高，界外球可以掷出超过30m远，但规则规定界外球不能直接掷入对方球门得分。掷界外球时需要遵守以下规则。

（1）界外球应当从球出边线的地点掷出。有些球员在掷界外球时，为了使球尽快地发出，往往忽略了掷界外球的地点，在错误的地点掷界外球，此时裁判员应判罚犯规。

（2）掷球队员必须面向场内站立，双脚都应有部分站在边线上或者是在边线外，掷球时不能单脚或双脚离地。

（3）掷界外球的时候，球员必须用双手将球由头后经头顶掷出，而不能用单手将球掷出。

（4）掷界外球队员将球掷进场地，比赛即为开始。如果球被掷出后，没有进入比赛场地，而是落在场外，仍由同一队在相同地点重新掷界外球。

（5）掷球球员在其他球员触球前不得再次触球。

（6）所有对方队员距掷球点的边线的距离不能少于2m。当球员掷界外球而守方队员没有退出规定的距离时，即判定为干扰对方队员掷界外球，对违规队员予以警告；如果界外球已被掷出，则判罚间接任意球。

4.7.5 球门球

球的整体越过球门线（不包括球进门），而在球出界前最后触球者是攻方队员，则由对方踢球门球。球门球可以直接射入对方球门得分。相关规则简介如下：

（1）球必须放定在本方球门区内，可在球门区内任意地点踢球门球。当球被踢且明显移动，即为比赛恢复。

（2）当踢球门球时，对方队员必须处在罚球区外直到比赛恢复。但如果发球门球的一方快速将球发出，而对方队员因没有时间离开而处于罚球区内，裁判员应允许比赛继续。

（3）在踢球门球时处在罚球区内的对方队员，或在比赛恢复前进入罚球区的对方队员，在比赛未恢复前触及球或争抢球，应重踢球门球。

4.7.6 角球

当球的整体从地面或空中越过球门线（不包括球进门），而在球出界前最后由守方队员触及，则判为角球。角球可以直接射入对方球门得分。虽然比较罕见，但是在高水平比赛中和民间赛事中都会看到角球直接破门得分的场景。发角球时需要遵守以下规则。

（1）球必须放定在球越过球门线时最接近的角球区内。

（2）当球被踢且明显移动（无论是否出角球弧）时，即为比赛恢复。

此外还有一些规则要求，例如不得移动角旗杆；守方队员不可进入距角球弧至少9.15m的距离，直到比赛恢复，等等。

4.8 越位规则

《剑桥规则》有这样一条规定："当球自本方球门方向而来传给一名球员时，他在对方踢球之前不得触碰球，除非他身前有3名以上的对方球员。"这就是现代足球规则中"越位"这一规则概念的雏形。在类似的规则出现前，19世纪的足球比赛中，观

越位规则

众常常看到这样的场面：在一方发起进攻时，攻方球员大部分已经集中到对方球门前，准备接到来球就起脚射门。在这种情况下，两队的比赛主要集中在球门前，很少有精彩的配合，而且造成了当时各球队过分注重进攻，而忽视防守。"越位"规则的出现就是为了调整这种过分不平衡的攻守关系，使比赛更为精彩。

然而，随着足球运动的发展，风云变幻的足球赛场上又出现了新的问题。到了20世纪20年代，足球比赛变得死气沉沉。主要原因之一是防守球员利用当时的越位规则，频频制造越位，严重束缚了进攻球员的手脚。为了改变在球场上消极防守的现象，鼓励进攻，国际足球理事会在1925年接受建议，对"越位"规则做出调整——把原来接球球员与对方端线之间有3名防守球员就不算"越位"的规定，改为有2名防守球员就不算"越位"。这个修改对足球运动的发展起到了极为重要的作用，使得足球运动趋于攻守平衡。近几十年来，越位规则没有什么大幅度的修改，但也在随着足球运动的发展不断完善。越位的判罚包括以下要点。

1. 越位位置的判断

球员处于越位位置，必须满足以下3个条件：①该球员身体的头、躯干或脚的任何部分处在对方半场（不包含中线）；②该球员身体的头、躯干或脚的任何部分较场上比赛用球更接近于对方球门线；③该球员头、躯干或脚的任何部分较和对方倒数第二名队员更接近于对方球门线。需要特别强调的是，球员仅仅处在越位位置并不意味着构成越位犯规。

2. 判断越位的时机

判断越位犯规是否发生的时机是同队队员传球或触球的一瞬间，而不是队员接球时。

3. 判定越位的依据

当一名队员在同队队员传球或触球的一瞬间处于越位位置，并以如下方式参与了实际比赛，应被判罚越位犯规。

（1）干扰比赛，即在同队队员传球或触球后，处在越位位置的队员得到球或触及球。

（2）干扰对方队员，即在同队队员传球或触球后，处在越位位置的队员虽然没有得到球或触及球，但该队员的行为影响了对方队员处理球的能力。例如，处在越位位置的队员明显阻碍对方队员视线，影响、妨碍对方队员处理球，或者处在越位位置的球员与对方队员争抢球。

（3）获得利益，即当球从球门柱、横梁、比赛官员或对方队员处反弹或折射过来，处于越位位置的队员触球或干扰对方队员。需要特别说明的是，在对方队员有意触球（其中包括故意手球）之后，处于越位位置的队员得球，不被视为获得利益，除非对方队员属于主动（用合法的身体部位）救球（尽力阻止球越过球门线）。裁判员需要掌握有意触球和救球的区别。

4. 不应判罚越位的情形

处于越位位置的队员直接接得球门球、掷界外球、角球不存在越位犯规。曾经在个别比赛中发生过当攻方队员发球门球时，守方队员造越位的情况，这是对规则了解和掌握出现偏差造成的错误。

5. 恢复比赛的方式

判罚越位犯规后，由对方队员在越位犯规发生的地点，发间接任意球恢复比赛。

第5章
足球运动的物理规律

5.1 足球是一门科学

足球的科学

前文已经介绍了足球这项运动的基本内容。其实，足球不仅是一项运动或是娱乐，还有着丰富的科学内容。在接下来的几章中，我们将尝试介绍一些足球科学的内容。

在国外，已经有学者做过这方面的尝试。例如，物理学家John Wesson撰写的《足球的科学》于2002年在英国出版。这本书对足球进行了多方面的科学分析。

在第一部分中，该书对足球作为球体的运动过程进行了物理方面的研究。球，在空气中飞行，在地面上反弹，在球门上反弹。足球运动中，有踢球，有手抛球，有头顶球；球员要接球，要卸球，要停球等。这些球的运动都服从一定的物理规律。

该书的第二部分超出了物理学的范围，面向了更广泛意义上的科学。它涉及对运动员的培养、运动员的选择等方面，运用了很多统计方法，进行了有意义的研究。值得一提的是，根据这本书第二部分的统计结果显示，运动成绩出色的足球运动员出生时间大多集中在9月和10月。这是为什么呢？其实答案并不复杂：出生于9、10月的同学比同龄中更早出生的人入学时间晚了一年，身体素质等条件略优于同级的同学，因此更容易被选拔到校队进行训练，从而能享受到优于其他人的专业培养与训练。由此可见，从小有意识地培养学生们参加足球运动，重视他们的年龄分布，也是一项科学研究。

事实上，足球的内涵与外延中的很多内容都可以成为科学研究的对象。比如，足球有很复杂的竞赛规则，规则实际上是与时俱进的，需要适应足球运动的发展，而足球规则的变更与发展具备很深刻的科学内涵。我们在前文中有总结，足球规则变得越来越鼓励进攻，可以使足球运动更富有活力、更具备观赏性。又如，足球市场的运营，足球与社会的相互作用，都可以构成科学研究中相当有意义的课题。

综上所述，对足球进行科学的研究，对我们国家足球运动的发展来说是非常必要的。在本章先从球的运动出发，介绍足球运动的物理规律。

5.2 足球之"球"

足球作为运动的工具而言，本身是个弹性体。现代足球的外观与样式在不断地发展，每一次世界杯，球的样式都有所变化，球的结构和材质也不断发展变化。

首先，我们来了解一下足球的结构。足球一般由32块外皮组成，其中12块为正五边形，20块为正六边形。传统上，足球的配色是黑色和白色，正五边形区域是黑色的、正六边形区域是白色的。

足球的结构在科学上有一个非常有意思的类比（图5.1）。1985年发现的天然分子碳60结构，它以60个碳原子作为顶点，组成一个32面体。其中12个面是五边形，20个面是六边形，正好是如同足球一般的多边形体，所以它也被称为"足球烯"。由于碳60的发现在科学上的重要意义，这项成果的发现者在1996年还被授予了诺贝尔化学奖。碳60这种结构非常紧密和坚固，与之结构相似的足球在大球（足球、篮球等）中也更能适应强力的冲击。

图5.1 足球的结构与碳60分子结构

随着现代科技的发展，足球的外观已不仅局限于32块外皮，足球的颜色也发生了多种多样的变化。足球外观的变化本质上是球皮结构的变化，这种结构性的变化会影响球运动的特点。例如，2014年世界杯用球名叫Brazuca（中译"桑巴荣耀"），它最突出的一个特点是可预期性比较强，球员在踢出球以后对于球的轨迹容易形成判断，并且在适当的脚法运用下能够踢出更强的弧线，也就是"香蕉球"；但高速而轨迹飘忽的"电梯球"就不容易踢出来了。这一点在2014年世界杯的赛事统计中有所验证，期间仅有巴西球员大卫·路易斯在对阵哥伦比亚的比赛中踢出了一记标准的电梯球任意球。

足球的运动是在空气当中进行的，所以它的运动遵循流体力学规律。比如，它的运动轨迹受到空气的阻力的影响，同时还会受到地面、门框反弹的影响。一个很有意思的问题是，如果足球射到球门上梁，在什么位置、以什么样的角度会弹进球门，或是被反弹不进球门？如今足球比赛的判罚技术更加发达了，门线技术和视频助理裁判技术都能够帮助主裁判进行判决。但在过去，判罚全靠边裁和主裁的眼睛。在这种情况下，足球的运动规律能帮助裁判进行更精准的判决。

5.3 香蕉球和落叶球

足球的飞行规律

香蕉球是足球中一个相当"出圈"的术语，它指的是球在踢出后在空中的轨迹是一条诡异的弧线。英国著名球星大卫·贝克汉姆受到广大球迷喜爱的重要因素之一就是他的香蕉球绝技，他可以把球踢出一个很大的弧线并拐进球门。当然，踢香蕉球的专家还有很多，如巴西球员卡洛斯、阿根廷球员梅西等。

在研究香蕉球之前，我们首先研究一下踢球的发力过程。图5.2分解了踢球时腿的运动：髋关节是一个轴，膝关节是另一个轴，踢球的过程是先把腿向后甩起来，然后往前运动；腿在向前摆动的过程中，先以髋关节为轴运动，在接近球之后再以膝关节为轴运动（同时以髋关节为轴的运动并未停止），直至踢出球

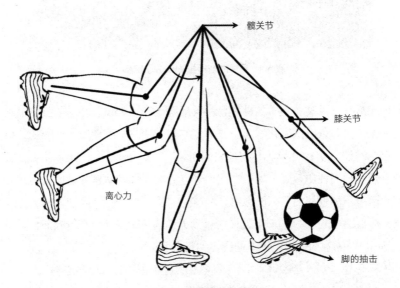

图5.2 踢球的发力过程

之后腿的自然随摆动作进行到最高点。如果我们对脚进行受力分析，会发现当我们在摆动腿的时候，有一个离心力作用在脚上，因此增加了脚对球踢出的力量。

除上述摆腿过程中的发力之外，球的运动轨迹还受到下面两个因素的影响。

一是空气阻力。空气阻力是无处不在的，如图5.3所示，如果没有空气阻力，那守门员只需一脚就能将球踢进对方球门，但在实际比赛中这样的情况几乎是不可能出现的。更常见的情况是，守门员在球门区开球，球落在刚过中场线的对方区域，这实际上也是球场长度设计的根据。与之类似，球场和球门的尺寸、罚球点的距离、每个队的人数等足球中重要的数字设计背后都是有科学依据的。

二是出射角度。出射角度对球运行距离的影响是可以计算的。如图5.4所示，如果踢球的角度太小，球很容易就落地了；如果踢得太高，球也只高不远。经过计算，能使球

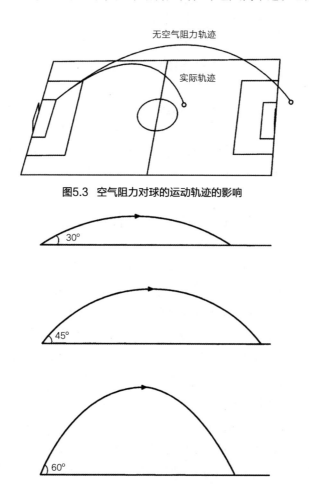

图5.3　空气阻力对球的运动轨迹的影响

图5.4　出射角度对球运行距离的影响

飞行距离最远的出射角度是45°。当然，如果考虑叠加上空气阻力的影响，出射角度会有所偏差，距离最远的出射角会略小于45°。

在了解足球飞行基本规律的基础上，我们可以进一步分析香蕉球的物理原理。香蕉球最突出的一个特点就是，看似将球踢向某一个方向，但是球实际上会偏转。这种偏转是依赖球的旋转实现的。图5.5演示了垂直视角下球从右飞行到左的运动轨迹。球本身的转动是沿顺时针的方向，球受到一个向右的力，球的运动轨迹向右方偏斜，形成弧线。至于为什么球的旋转会造成这样的受力情况？我们将在下文具体介绍。

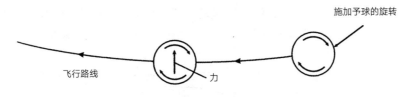

图5.5 香蕉球轨迹的顶视图

在实战中踢香蕉球时的脚法有一定的诀窍，总的来说，击球部位不是脚的前部，而是脚弓或者脚背外侧面。不同的球员有不同的脚法，贝克汉姆是用右脚脚弓内侧；罗伯特·卡洛斯多用左脚外部的脚背。虽然脚法不同，但有一个共同的特点——需要脚和球有较长时间的接触，使得脚可以较长时间地去带动球、让球转动，使得球出发之前随着脚发生旋转。

事实上，旋转对球运行轨迹的影响出现在几乎所有球类运动中。例如：篮球，在投篮时如果使球后旋转，就能使篮球产生一个向上的力，使得球下落的角度增大，更容易入篮筐；乒乓球中的弧圈球，是由运动员把球拍从很低的地方提起来，让球拍和球有一个较长时间的摩擦，使得球向前的转动非常剧烈，球落到对方的球案以后，会极快地下坠，这种球非常难接。所以，旋转不是足球的专利，但由于足球的运行距离比较长，效果比较明显，所以特别引起人们的注意。这也解释了为何香蕉球能引起广泛的关注。

根据物理知识进行解释，一开始学界认为足球的旋偏转是依据伯努利效应来实现的。伯努利效应大致是说，对于一个气流而言，如果它的运动速度快，压强就比较小；如果运动速度慢，压强就比较大。起初，大家以为是足球在飞行中，气流是与球前进的方向逆向而行的。在球旋转的时候，有一边（如右旋球的右侧）的球面表面的运动方向与气流相同，带动气流运动、加速了逆向气流的速度，而气流速度变得比较快；另一边（如右旋球的左侧）的球面表面运动方向与气流相反，阻碍气流运动，使其变得相对较慢，这样两侧压强的差异引起了一个侧向的力。当然，严格来说，伯努利效应实质是流体的机械能守恒,即动能+重力势能+压力势能=常数。其最为著名的推论为:物体等高流动时,流速大,压强就小。它仅适用于黏度可以忽略、不可被压缩的理想流体。空气可以近似地看成理想流体。

马格努斯效应

但是,对于香蕉球的例子,伯努利效应的解释力有些不足。后来,经过进一步研究,人们发现实际上球在运动当中,空气有一个薄层包围着这个球面,它跟着球面走,所以很难在球的两侧形成速度不同的气流。物理上,这被称为马格努斯效应。马格努斯是德国著名物理学家,现在德国物理学会的所在地就称为马格努斯大楼。根据马格努斯效应,球向着前方运动,同时我们假定从上往下看球是在顺时针地进行旋转,这时球就会受到侧向的一个力。如果球顺时针旋转的话,它的旋转的矢量方向是向下的(图5.6),而速度的矢量方向是向前的。如果这两个矢量叉乘的话,按照右手法则,就会有一个向右的力,球的轨迹便会偏移。所以当我们踢出球的时候,如果球发生顺时针旋转,那么在飞行过程中球就会呈现向右边偏转的运动轨迹;如果球逆时针旋转,那就会呈现向左边偏转的运动轨迹。

根据上述对香蕉球飞行规律的解释,我们可以进一步对飞行过程中的一些参数进行量化计算。如图5.7所示,D是沿踢球的方

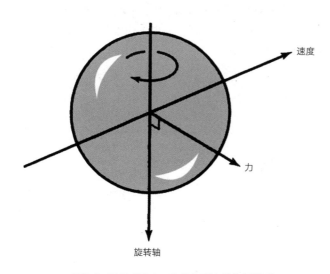

图5.6 香蕉球速度、旋转和受力的矢量关系

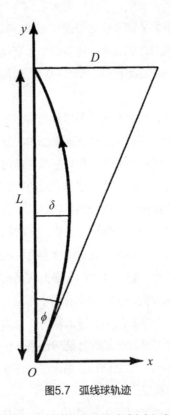

图5.7 弧线球轨迹

注：L 为踢球的距离，D 为偏转的幅度，ϕ 为出球方向与球落点方向的夹角。

向的落点和球的实际落点之间的距离（即球不旋转时的预计落点）；L是实际踢出的球的运动距离；弧线是球运动的轨迹。球在刚刚被踢出时，似乎是向着三角形的右上角的方向运动，但实际上球在飞行中发生偏转，最后落到终点。在这个过程中，旋转的足球在飞行中受到侧向力的推动，我们将这个侧向的力记为F_L，它的大小可以表示为

$$F_L = \frac{1}{2} C_S \rho A a \omega V \quad (5.1)$$

式中：C_S是空气的黏滞系数；ρ是空气密度；a和A分别是球的直径和截面积；ω是球旋转的角频率；V是球的飞行速度。由此可以计算出，如果我们想把球踢到L那样远的距离，而又产生D那样大的偏离时，所需要的足球的旋转角频率为

$$\omega = \frac{4VDl}{C_S a L^2} \quad (5.2)$$

式中：l表示一个虚拟的圆筒（圆柱体）的长度，这个圆筒的直径跟球的直径一样。如果在这个圆筒里面，空气的质量等于球的质量，这个长度就用l表示。式（5.2）表明，球飞行速度（V）越快，偏离距离（D）越大，所需要的旋转越"厉害"。我们还可以求出香蕉球偏转的角度（ϕ）为

$$\phi = \frac{1}{4}C_s\frac{\omega a}{V}\frac{L}{l} \qquad (5.3)$$

式（5.3）说明，距离（L）越远、飞行速度（V）越慢，偏离角度（ϕ）越大。这就可以解释我们经常观察到的现象，香蕉球在刚刚踢出去的前一段似乎是直线运动的，偏转不明显，是因为这个时候球飞行速度比较快；随着球的飞行速度越来越慢，偏转越来越大，在香蕉球运行的末尾时刻，会有更剧烈的偏转，使守门员防不胜防。

与"香蕉球"原理类似的另一种运动中带有旋转、快速下坠的球叫作"落叶球"。要踢出落叶球，需要在踢球时，脚部对球向上摩擦，使球向前旋转。根据马格努斯效应，球的轨迹会向下偏转，形成落叶球（图5.8）。在这里，我们就不用具体的公式去分析落叶球的轨迹了，只需了解踢出落叶球和香蕉球的关键都是脚与球之间强烈的摩擦使球产生旋转。接下来要介绍的"电梯

落叶球与电梯球

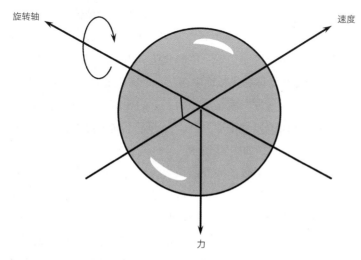

图5.8　落叶球速度、旋转和受力的矢量关系

球"则与这两种球的原理不同,而且它们之间最大的区别就是电梯球踢出后在飞行中是不旋转的(或者旋转比较轻微)。

5.4 电梯球

电梯球的轨迹与落叶球类似,但是坠落更突然、更急速。特别要指出,电梯球与落叶球虽然粗看起来类似,但现象不同、原理不同。意大利足球中场名将皮尔洛是电梯球高手,他踢出的电梯球首次被《米兰足球报》称为"电梯任意球",形容为"迅速升到六楼,却又急速降到一楼"。意大利著名足球教练安切洛蒂概括其中特点:"刚出发时好像很美,有弧线,但到了中途下坠特别快。整个弧线都不高,门将反应不过来。"

电梯球原理的核心有两点:一是球不要旋转,二是球速要极快。由于球身旋转很小,脚的作用力几乎全部作用在前行方向所需的动能上,足球凌空的瞬间就获得了高速。刚开始足球高速直线前行,但与空气作用呈流线型的球体表面,任意一个位置都能产生气压差,直接导致足球运动线路飘忽不定,忽左忽右,甚至忽上忽下。

为了理解电梯球的运行轨迹,我们首先来了解一下无旋转情况下球体的运动规律。法国巴黎理工大学的研究人员在2012年做了一项系统研究,主要结论是:对非旋转球体,当初速度(U_0)小于末速度(U_∞)时,球体轨迹呈抛物线运动;而当初速度远大于末速度时,球下落时急坠。需要说明的是,由于空气阻力的存在,球在飞行途中存在一个加速度为0的"稳态",这里说的"末速度"就是这个稳态下的速度,而不是球落地时的速度。该研究以羽毛球为例,分析了不同条件下无旋转球轨迹的实验与计算,如图5.9所示。

从上述对抛射物的研究结果中,我们可以观察到两种类型的运动轨迹:如果初速度小于自由落体的末速度,我们将看到伽利略抛物线轨迹,即上升阶段和下落阶段的轨迹是对称的,如图5.9中的曲线(1);如果初速度大于末速度,那么该抛射物将沿着一条不对称的轨迹减速运动,即上升阶段轨迹斜率较

电梯球的原理

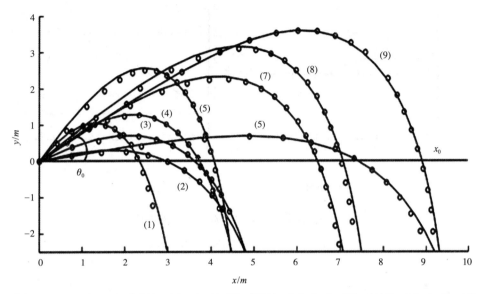

(1) U_0 =6.8m/s, θ_0 =55°；(2) U_0 = 9.6 m/s, θ_0=18°；(3) U_0 = 9.5m/s, θ_0=30°；(4) U_0= 9.7m/s, θ_0= 44°；
(5) U_0 =13.4m/s, θ_0 =58°；(6) U_0 =32.3m/s, θ_0 =12°；(7) U_0=19.8m/s, θ_0=39°；(8) U_0=24.7m/s, θ_0= 44°；
(9) U_0 =37.6m/s, θ_0 =38°

图5.9　不同初速度（U_0）和不同出射角度（θ_0）条件下羽毛球的轨迹

小，而在轨迹末端接近成为垂直落体，如图5.9中曲线（9），这是由于空气阻力如同一个墙壁（以下称为空气阻力壁）阻碍了抛射物向前的运动。这类轨迹经常出现在体育运动、烟花、灌溉等活动中。

在这里，我们讨论抛射物的轨迹时，仅限于讨论轨迹形状。具体轨迹形状，则取决于雷诺数，即流体流动时的惯性力和黏性力（内摩擦力）之比，而这个雷诺数则与初速度与末速度的比值相关。对飞行中的电梯球进行受力分析可以发现，电梯球实际上是高速飞行的足球受到重力和大雷诺数阻力下的运动轨迹。图5.10给出固定出射角度的情况下，由于初速度和末速度的比值不同而出现的两种曲线。

图5.10（a）为抛物线，在低速发射条件下（$U_0 \ll U_\infty$）,球体运动方程简化为经典的抛物线；在这个区间，速度从初始值U_0增加至末态值U_∞。

如何踢出电梯球

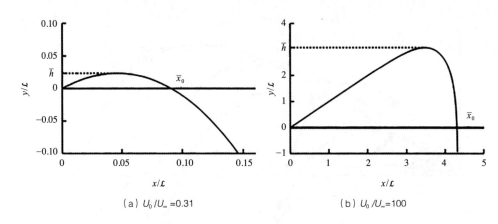

(a) $U_0/U_\infty=0.31$ (b) $U_0/U_\infty=100$

图5.10 在相同初始角度θ_0时两种不同轨迹的图示

注：纵坐标和横坐标分别表示以特征长度度量的球体运行高度和距离。

①
特征长度L与球体的末速度有关（$L=U_\infty^2/g$），可以建立方程求解。计算发现：在高速发射的情况下，球所能达到的最大高度h以及落地距离x_0都可以用L的倍数表示。具体的计算过程此处不列出，感兴趣的读者可以自行阅读参考：
COHEN C, DARBOIS-TEXIER B, DUPEUX G, et al. 2014. The aerodynamic wall[J]. Proceedings of the Royal Society A Mathematical Physical & Engineering Sciences, 2013. DOI:10.1098/rspa.2013.0497.

图5.10（b）为塔尔塔利亚（Tartaglia）曲线。在高速发射条件下（$U_0 \gg U_\infty$），球体轨迹的初始部分呈一条直线，沿着该直线球体在一个特征长度L①内减速。球体轨迹的末端部分也呈一条直线。这种高速情况下的抛射轨迹被称为塔尔塔利亚曲线。值得强调的是，在这种特殊情况下，物体的运动方程无法转化为抛物线方程。

通过上文对球体抛射物在不同情况下轨迹的解析，我们可以知道，电梯球的运动轨迹实际上就是塔尔塔利亚曲线。虽然对于足球运动员来说，并不需要去探究电梯球的物理细节，也能通过刻苦的练习来踢出像"C罗"那样漂亮的电梯式任意球，但足球的运动的确有物理规律可循，理解和掌握这种规律能够帮助爱好者和运动员更有针对性地进行练习。在此，我们也根据上文所阐述的电梯球原理，来简要介绍一下踢电梯球时的动作要领。

（1）踢电梯球时要用脚内侧、脚弓靠下一点的部位触球（类似于大脚开球的动作），小腿发力，击球点在球的正中心靠下一些的位置（最好是硬度最大的气门芯处），避免球产生旋转。

（2）送球（提拉）的方向要与球飞出的方向一致。

（3）助跑可采用带有踮脚的跨步慢跑，作为参考，一般可以在助跑后第4步出脚击球。

（4）支撑腿一定要踩实，离球大约一脚宽度的距离。

最后，我们将香蕉球和电梯球的动作要领做一个对比和总结，如表5.1所示。

表5.1 香蕉球与电梯球技术要点比较

项目	香蕉球（弧线球）	电梯球
旋转	要求旋转	不要旋转
踢球部位	脚弓（脚背）	脚弓前部
触球时间	较长	短促
触球位置	偏离中心	中心靠下
摩擦	需要	不要
发力部位	大腿拉小腿	小腿发力
球速	一般	极快

5.5 "时空感"与"大局观"

前文中，我们运用物理学知识对一些经典的任意球轨迹进行了分析。事实上，物理学在足球中的应用并不仅仅局限在对足球本身运动过程的分析，它还可以用来分析球与人的互动过程。我们常说，踢球时队员要具备"时空感"与"大局观"，那么这个看似虚无缥缈的概念能否用物理学加以解释呢？下面，我们先用一个足球场上"抢断"（抢截球）的过程作为例子，来展示球场上人与球之间的时空关系。

抢截球的科学分析

首先，我们将球场上的球和运动员及其运动的方向抽象成点和线，组成一个抢截球的场景，如图5.11所示。抢断的队员（对方防守队员）、传球的队员和接球的队员（球的方向所指末端）形成一个三角形，中间有个角度，记为θ。球沿着以传球队员为起点、以接球队员为终点的直线l运动，也就是X点可能出现在这条直线上的某个位置。通过观察X在l上不同位置时，对方防守队员跑动线路l_p与l的关系可以发现，当l_p垂直于l时，防守队员跑动的距离是最短的，同时跑动的时间也是最少的。

根据防守队员跑动方向的变化，可以将球和防守队员跑动的时间线作图（图5.12）。我们假定球的运动速度是防守队员跑动速

足球运动与科学

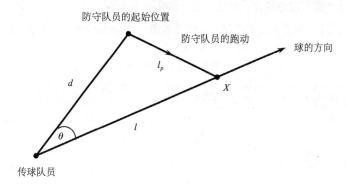

图5.11　抢断示意图

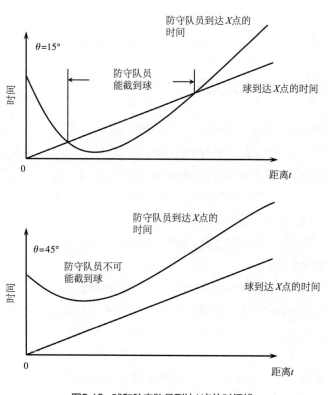

图5.12　球和防守队员到达X点的时间线

度的2倍。可以看到，当$\theta=15°$时，防守球员到达X点的时间线和球到达X点的时间线交叉，这时防守队员就能够成功抢断球，并且有两个跑动方向的选择：向接近传球队员的方向跑动，或者向接近接球队员方向跑动，都有可能截到球。而当$\theta=45°$时，两条时间线没有交叉，抢断是不可能的。由于这里我们假定了球和防守队员速度的比值，也就是说，当角度比较大的情况下，防守队员要想成功抢断，除非其跑动的速度非常快，否则是很难成功的。

图5.13的曲线就表明了我们上面所说的这种关系。其中，纵轴表示对方防守队员跑动速度（S_p）和球的运动速度（S_b）之比，横轴表示角度。只有在曲线的上部，才能达到抢截球的目的。换言之，在球速一定的情况下，角度越大，对防守队员速度的要求就越高。

上述对于抢截球的分析可以对我们在实战中传球有所启示：当你在向队友传球时，你和接球队员之间形成的直线，与你和对方防守队员形成的直线，这两条线之间的夹角角度要尽量拉大，从而避免传球被防守队员截到。拉大这个角度也可以由接球队员进行移动来实现。这就是为什么我们会说队员在传接球的时候要有一种位置感，它包括对对方的球员和自己的队友所处位置的敏锐感知。所以判断一个足球运动员是不是优秀，不光要看他盘带球的技术多么好，更要看他是否能够纵观场上的全局，把球以最合适的角度输送到对对手最有威胁、对自己最安全的合理位置。完成这样的任务需要队员对位置和时机的准确把握，我们就把这种能力称为"时空感"和"大局观"。这是对高水平足球运动员的一个要求，也是在球员训练时特别需要注意培养的能力。

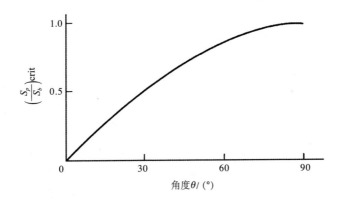

图5.13 抢截球时防守球员跑动速度与球速之比和传球角度的关系

第6章
足球运动的统计学

6.1 统计学在足球运动中的应用

本章我们将从另一个角度——统计学出发来分析足球。足球是一项需要多人配合、团队对抗的运动,在这项运动中统计规律能够起到很重要的指导作用。统计学在足球比赛的分析中被广泛应用,如点球点的位置、队伍取胜的概率,以及在比赛的各个不同时段的进球概率等,都有人专门做过研究。

本章中,我们将从几个在足球中应用统计学在的经典场景来切入,介绍相关知识。首先是足球场上的控球时间,每个队员在一场比赛中实际与球接触的时间,是可以用统计学的知识来进行说明的。此外,我们还会介绍球在球场上的运动规律——布朗运动,它也可以通过统计学的方法来指出球在球场中分布的状况,以及哪个区域足球停留的时间最长。这个关键的参数对于足球比赛的排兵布阵、比赛策略都有着很大的参考意义。还有点球的进球规律,也能够用统计学知识加以解释。

除上述的几种应用之外,还有人们最关心的一点,那就是比赛的输赢。比赛的输赢能够用统计学来预测吗?足球比赛的结果当然存在着很大的偶然性,不可能进行预测,这也增加了足球的魅力,但事实上它里面也同样包含着统计学的规律。比如,弱队赢球的概率有多少。这个问题之所以受到关注,是因为如果只有强队可以赢的话,那么比赛就没有任何悬念,也就没有趣味了。另外在比赛的不同时段进球的概率也是不一样的,往往在最后的时候进球几率并非很小,所以才会有"黑色五分钟"这样的现象。还有,暂时落后的一方进球概率是多少?这样的统计结果也能够帮助我们分析在比赛中领先方和落后方对比赛最终结果的预期。最后,统计学还可以揭示实际进球数和进球能力的关系。进球能力指一个球队在某一段特定时间(如一场比赛或者上半场)之内进球的平均数量,但在实际比赛当中,不同场次的实际进球数有很大差异,很难保持稳定。上述这些因素都可能直接关系着比赛的输赢,因此我们把它们统称为"赢球统计学"。

足球中的统计学

6.2 球员数量与控球时间

本节介绍统计学视角下球员控球的时间和场上球员数目的关系。如图6.1所示，横坐标表示场上球员的数目（单队），在横坐标值为10的地方有一条垂直的虚线，它代表标准足球比赛（每支球队上场10人，不包括守门员）所对应的情况。纵坐标"允许时间"表示每个队员接到球后，允许控球的时间。经过统计，球员数量和允许时间的关系成一条曲线，对于足球而言（也就是横坐标为10时），允许时间大约为3s。也就是说，在足球比赛当中，平均每个运动员在拿到球后只有3s处理球的时间。这是综合考虑了场上球员人数所构成的球员之间的平均距离，以及每个球员平均的跑动速度而得出的结果。

在这短短的3s之内，接球的球员需要做什么呢？首先，他要对周围的情况、自己在场上的位置、队友的位置及对方球员的站位进行判断；其次，他需要在传球、盘带、射门等多种选择之间做出决定。完成这样的任务需要球员保持高度活跃的思考，因此足球运动员不但要有体力和技术，还要非常聪明。

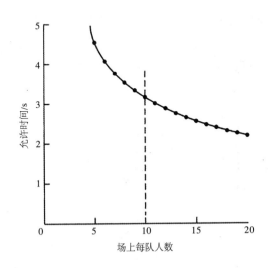

图6.1 球场上球员人数与每个球员平均控球时间的关系

球员数量与控球时间

6.3 点球的进球概率

点球是足球运动中一个非常有意思的元素，在人们的认识中，它是取得进球最有效率的方式。关于点球也有很多有趣的统计学知识。

首先，点球点位置的选择大有讲究。选择距离球门线12yd（9.15m）的地点罚球，是基于公正的考虑。经过实验，点球的平均进球率随着罚球距离的改变而改变（图6.2）：如果距离为0，在门线上罚点球，那么守门员只要站在球的正后面，就可以阻止进球；当罚球点距离门线3yd时，得分概率几乎可以达到100%，因为此时可以将足球安全地高速踢出，不会被守门员碰到又不会出界。如果罚球点移远，那么进球概率会随之减少；而在12yd距离时，进球概率为70%。这个概率是怎么来的呢？实际上，最初将点球点设置在距球门线12yd处，是人们在长期发展中基于经验的选择。在此之后，通过对大量实际比赛中点球进球率的统计，才得到了这个数字。

70%的概率是充满悬念的，超过一半却又不是100%。如果是100%，点球就没有意思了，也就不用花时间罚球了。如果点球和球门的距离极近，无论谁去罚球大概率都可以踢进去。但是如果罚球点很远的话，罚进的概率过低（如只有20%或30%），那么点球判罚就不能约束球员的违规行为了。因此，

点球的进球概率

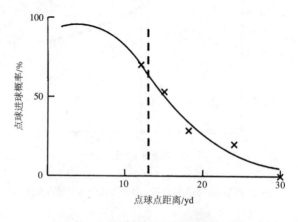

图6.2 点球进球概率与点球点距离的关系

70%的概率是非常合适的,这使得罚点球的结果不太容易预见,但进球概率也很高,所以在比赛中双方都会争取得到点球的机会。如果一个球员被绊倒在禁区里面,而裁判不给点球,那会看到进攻方队员们闹着去争取点球的机会,而防守一方就竭尽全力辩解自己没有犯规。另外,70%的进球概率实际上把主要的压力放到了罚球队员身上,我们在看足球比赛的时候经常会听到解说员说:"罚点球的时候,罚球队员的压力比守门员还大。"对于守门员来说,因为罚进的概率比较高,即使进球了,他也没有太大的责任;但是对于罚球人来说,有70%的机会可以进球,如果踢不进去,便会承担主要责任。所以我们看到很多著名的球员在罚点球的时候会发挥失常,出现"高射炮"、射偏或者射到守门员手里等情况。可以说,点球距离12yd的设计,大大提高了足球的趣味性和不可预知性。

接下来,我们再来分析罚点球时选择不同的射门线路与最终结果在统计学上的关系。如图6.3所示,粗黑线代表球门框,守门员站在球门中间,他在扑点球的时候,考虑到足球运行的速度,在阴影部分,几乎是够不到的。如果罚点球的球员有把握把球射进两个死角,那进球的概率几乎是100%。但这两个死角的面积不大,所以朝它们瞄准,也很容易将球踢飞。实际上,这个区域的存在不太影响点球进球的概率。最新的足球竞赛规则规定,守门员在防守点球时是可以在球门线上左右移动的。即便如此,这两个区域仍然防不住。

还有一种罚球的方法,就是所谓的"勺子点球",实际上是踢向球门的中间部分,而且踢球的力量不大、球速不快。为什么这样也能罚进去呢?因为几乎所有的守门员在防守点球时,都会经过快速的判断之后向某一个方向去扑球,这样反而很容易把球门中间空出来。所以这种勺子点球如果掌握得好,进球的概率很高,但是要求罚球球员控球能力非常强,脚法非常好。

图6.3　点球的死角区域示意图

6.4 布朗运动

足球的布朗运动

接下来，我们来研究比赛中足球在场地中运动的轨迹特点。在1996年欧洲杯英格兰对阵荷兰的比赛中，在下半场第51min和第57min，英格兰分别由谢林汉姆和阿兰·希勒接连踢进两球。图6.4显示的就是在这两次进球间隔的6min内，球在场上运动的轨迹。

从图6.4中来看，球的运动看起来杂乱无章，类似于布朗运动。布朗运动是微粒在液体中，受液体分子碰撞所导致的运动，这一解释是由爱因斯坦在1905年做出的。微粒在液体中做杂乱无章的布朗运动是因为受到了水分子的碰撞，在球场上则可以说是球受到球员的碰撞。当然，二者的区别在于，球员是有智慧的，而水分子的运动是没有意志的。但在统计学看来，足球在球场上的运动呈现出的特征就是布朗运动。

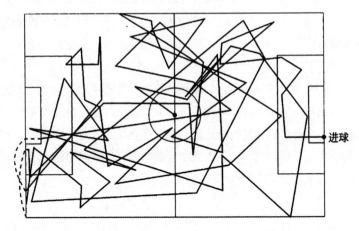

图6.4 1996年欧洲杯英格兰与荷兰比赛51~57min之间球在场上的运动轨迹

6.5 赢球统计学

6.5.1 弱队的赢球概率

弱队的赢球概率

在本章的最后一节中，我们从统计学角度来分析球场上的输赢。首先，我们从一个有意思的问题出发，那就是一场比赛中，相对较弱的球队赢球的概率有多大？经研究发现，这与全场进球的总数有关系。图6.5给出了在总进球数分别为偶数和奇数时，弱队赢球的概率。为了量化对阵的两支球队实力强弱，我们将弱队和强队进球率的比值设定为2∶3，也就是说，当一个进球发生时，我们认为这个进球有40%的可能由弱队打进，有60%的可能由强队打进。

可以看到，根据总进球数是奇数还是偶数，弱队赢球概率随总进球数的变化趋势并不相同。当总进球数为奇数时，弱队赢球的概率随比赛进球数的提高下降得很快，如果比赛一共只有一个进球时，弱队赢下比赛的概率有33%；而当比赛总共有5粒进球发生时，弱队赢球的概率就只有16%了（表6.1）。当总进球数为偶数时，弱队赢球的概率总体而言都比较低，不到10%，且随进球数增加的变化也缓慢；但是，由于总进球数为偶数时，还可能出现平局的情况，随着比赛进球数的增多，弱队取得平局的概率有明显的降低趋势。因此，总的来说，当比赛总进球数较少时，弱队更有爆冷获胜的机会，比赛更有悬念和刺激性。

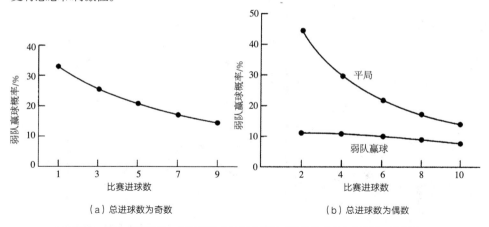

图6.5 弱队赢球概率与总进球数的关系（按进球总数为奇数和偶数分别讨论）

表6.1 进球数与弱队赢球概率的关系

进球总数	弱队赢球概率 / %	平局概率 / %	强队赢球概率 / %
0	0	1	0
1	0.33	0	0.67
2	0.09	0.42	0.49
3	0.22	0	0.78
4	0.08	0.27	0.65
5	0.16	0	0.84
6	0.07	0.19	0.74

6.5.2 球在场地不同区域的停留时间

接下来,我们来分析球在球场上各区域停留的时间与两队实力对比的关系。如图6.6所示,横坐标的两端对应两支球队各自的球门阵地,纵坐标代表球在球场对应位置停留的时间。当两支球队实力有差距时,我们假定右方是比较弱的队伍、左方是比较强的队伍,可以看到球停留时间最长的区域位于中线偏弱方这一边,可以推测两队实力越悬殊,球停留时间最长的区域就越接近弱队的球门。如果两支球队实力相当,则球基本是在中场区域运转,中场是双方拼搏的主要阵地。这就是为什么在足球比赛中"得中场者得天下"。

球的时空分布

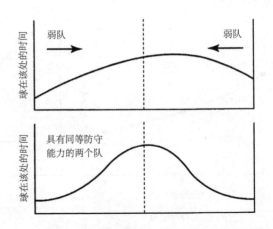

图6.6 足球在场上停留时间的分布与双方实力对比的关系

6.5.3 不同时间段的进球概率

本节分析的问题是在比赛中不同时间段进球的概率。首先我们假设有一支这样的球队:依据很多场比赛统计的结果,该球队平均每90min可以进一个球,我们认为它的进球率是场均(每90min)一球。以这支球队为基准,我们可以画出一场比赛中,比赛时间从0~90min,这支球队取得不同数量进球的概率曲线(图6.7)。我们先以进0球为例,即该球队在一场90min比赛中没有取得进球的概率,可以看到这个概率从比赛最开始的100%

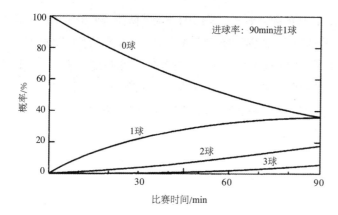

图6.7 一支进球率为场均一球的球队在各个时间段进球的概率

递减,到比赛结束时为40%左右。也就是说,在90min的比赛时间内,一个进球率为场均一球的球队,也会有接近40%的概率无法取得进球。我们再来看有进球时的概率曲线,可以看出随着时间的增加,进球的概率慢慢增加,接近比赛结束时候的概率是最高的。

这就是我们在前文提到的"黑色五分钟"的理论依据。在最后的时刻,双方体力消耗得较多,并且都拼命想争取一个理想的结果,即使是相对较弱的球队也有概率进球。

6.5.4 落后方的进球概率

如果同时考虑对阵双方的进球概率,当比赛进行到一定阶段,有一方处于落后状态时,该队进球的概率如何呢?统计结果表明,如果落后方是强队,那么它在比赛的剩余阶段先进球的相对概率会比较高,超过50%;如果落后那一方较弱,也有一定的概率能进球,但是概率较低,大约为20%(图6.8,假设比赛剩余时间相对充分,且强队和弱队进球率均达到一定的水平)。这就是我们经常能够看到的场景:一场弱队与强队的比赛之中,弱队抓住机会取得领先,但决不能掉以轻心,因为强队在剩余时间里进球的概率远远高于弱队。这个看似明显的道理,我们可以用统计学的方式来给出量化的证明。

落后方的进球概率

通过上面的分析可知，比赛的剩余时间也是影响一支球队能否取得进球的重要因素。图6.9就给出了落后方进球概率与比赛剩余时间的关系，我们假设两支球队实力相当，以进球率和剩余时间的乘积作为横坐标，可以看到随着时间的流逝，落后一方进球的概率在逐渐降低，且下降的速度越来越快。这一结果就启示我们：当面对实力相当的对手处于落后时要寻求尽快扳平比分，否则随着时间的推移进球会越来越难。

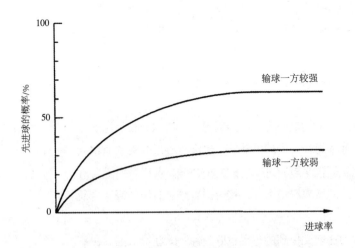

图6.8 落后一队先进球的概率与它的进球率的关系

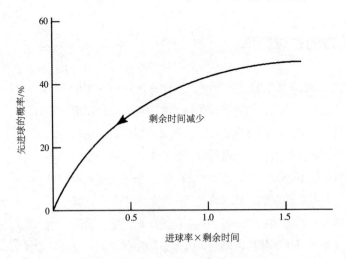

图6.9 球队先进球的概率与进球率和剩余时间乘积之间关系

6.5.5 亚军比冠军更强的概率

足球比赛充满着不确定性，即使是偶然性较小的联赛（相比于杯赛）中，最后的赢家也可能不是实力最强的球队。那么这种情况发生的概率有多少呢？为了解释这个问题，我们引入一组概念——实际进球和进球能力——来进行说明。从字面意义上来看，很明显，一支球队的实际进球和进球能力两者之间会有一定的偏差。就如前文所述，一支进球率达到场均一球的球队，在某场比赛中也很可能一球不进。对于一支球队而言，实际进球和进球能力之间的偏差接近高斯分布。

进球能力与实际进球

我们以英超联赛为例，英超联赛包含20支球队，每个赛季每支球队要参加38轮比赛，根据胜一场积3分、平一场积1分、负一场无积分的规则，在所有比赛结束后比较总积分决定排名。现在我们来分析某个赛季的冠军队和亚军队，假设在该赛季里，冠军队实际进球数为80个，而亚军为70个，那么这两支球队的得分能力各有一条概率曲线，这两条曲线是互相交错分布的，各以其实际得分为中心点（图6.10）。事实上，一支球队的进球能力是无法直接测量的，但我们可以根据这个概率曲线来计算球队的进球能力为某一数值的概率。例如，图6.11中的p_1这个点就表示冠军队的得分能力为76个进球（低于其实际进球数80个）的概率为0.044。再看亚军队，亚军队得分能力低于76个进球的概率，实际上是p_1所对应的横坐标左边阴影部分，我们可以计算出这一概率为p_2=0.77。进而我们可以得出，当冠军队的得分能力

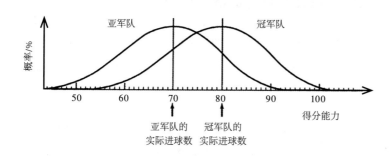

图6.10 冠军队与亚军队得分能力的概率分布

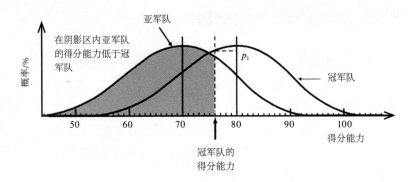

图6.11 冠军队与亚军队得分能力的统计比较

为76时，亚军的得分能力不高于冠军的概率为p_1、p_2的乘积，即$0.044 \times 0.77 = 0.034$。

上面的分析说明，当已知冠军队（或亚军队）进球能力和实际进球的差值（上述计算对应为-4）时，我们可以计算出这种情况下冠军的实力（进球能力）不比亚军弱的概率。将这一差值取遍所有可能性（-4、-3、-2、-1、0、1、2、3、4等）得到的累加概率，就是给定冠亚军实际进球数情况下冠军队不弱于亚军（也可以说冠军队实至名归）的概率。在我们假设冠军比亚军队实际进球数多10球的情况下，这一概率约为81%。相应地，亚军队实际上比冠军队更强的概率为19%。可以推知，如果实际情况中，冠军队和亚军队的进球数越接近，那么亚军队比冠军队更强的概率就会越高，反之亦然。

6.5.6 赢球统计学的数学计算

通过上面的介绍可知，足球比赛中的统计学问题不单是经验的总结，还涉及数学运算。在最后，我们列出了一些本节内容涉及的主要公式供读者参考。

赢球统计学的数学计算

1. 进n球的概率

方便起见，我们将足球比赛中的两支球队分别设为1队和2队。如果1队的进球率和2队的进球率之比为R，则下一个进球由

1队打进的概率为$p=R/(R+1)$，而由2队打进的概率为$1-p=1/(R+1)$。

假定一场比赛中仅有一个进球，那么由1队打进这个球的概率为p，而由2队打进这个球的概率为$1-p$。如果一场比赛中总共有N个进球，那么这些球都是由1队打入的概率为p^N，而这些球都是2队打进的概率为$(1-p)^N$。

1队打入这N个球中的n个的概率为p，公式为

$$p = \frac{N!}{n!(N-n)!} p^n (1-p)^{N-n} \tag{6.1}$$

式中：N的阶乘定义为

$$N! = N(N-1)(N-2)\cdots 1 \tag{6.2}$$

类似有

$$n! = n(n-1)(n-2)\cdots 1 \tag{6.3}$$

且$0!=1$。

2. 在t时间内进n个球的概率

对于一支进球率为每小时r个球的球队来说，在t（小时）时间内打入n个球的概率为

$$P = \frac{(rt)^n}{n!} e^{-rt} \tag{6.4}$$

式中：e是自然对数的底数，$e = \frac{1}{0!} + \frac{1}{1!} + \frac{1}{2!} + \frac{1}{3!} + \cdots = 2.718\cdots$

在$t=n/r$时P有最大值

$$P_{\max} = \frac{(n)^n}{n!} e^{-n} \tag{6.5}$$

3. 进球（n,m）的概率

如果1队和2队的进球率分别为r_1和r_2。那么，在t时间内，根据式（6.4）可以得到，1队打入n球而2队打入m球的概率为

$$P_{n,m} = \frac{(r_1 t)^n (r_2 t)^m}{n! m!} e^{-(r_1 + r_2)t} \tag{6.6}$$

4. t时间内取得第一个进球的概率

一支球队在t时间内没有得分（$n=0$）的概率由式（6.4）给出。可以注意到$(r_1t)^0=1$，且$0!=1$，因此得到

$$P_0=e^{-rt} \qquad (6.7)$$

如果两支球队的进球率分别为r_1和r_2，那么在t时间内两支球队都没有得分的概率为

$$P_{0,0}=e^{-(r_1+r_2)t} \qquad (6.8)$$

1队在dt时间内得分的概率为r_1dt。因此，两支球队在t时间内都没进球，而1队在紧接着的dt时间内得分的概率为

$$dP_1=e^{-(r_1+r_2)t}r_1dt \qquad (6.9)$$

对时间t积分，就可以得到在t时间内1队率先进球的概率为

$$P_1=\frac{r_1}{r_1+r_2}(1-e^{-(r_1+r_2)t}) \qquad (6.10)$$

可以看到，P_1的概率从$t=0$时的0一直上升到一个极限值$\frac{r_1}{r_1+r_2}$。

5. 误差与偶然性

联赛最终的积分由两方面因素决定：一方面有随机的成分，另一方面取决于各队的实力。在统计学中，用标准差来描述积分的随机误差。对于一个量x，它有N个观测值x_N，其平均值为$\overline{x_N}$，那么其标准差σ定义为的方均根为

$$\sigma=\left(\frac{1}{N}\sum_n\left(x_n-\overline{x_N}\right)^2\right)^{1/2} \qquad (6.11)$$

我们可以用一个简单的模型来估算各队积分纯粹由于随机性而造成的分布。由于各队能力而引起的积分分布可以通过假设各队实力均等来消除，因此我们可以假设每场比赛的不同结果出现的概率：获胜或者告负的概率均为3/8、战平的概率是1/4、按照获胜积3分，平局积1分，输球积0分来算，每场比赛平均得分为

$$p=\frac{3}{8}\times3+\frac{1}{4}\times1+\frac{3}{8}\times0=\frac{11}{8} \qquad (6.12)$$

如果每个队都进行了N场比赛，那么N场比赛积分的标准差为

$$\sigma=\left[\frac{3}{8}N\left(3-\frac{11}{8}\right)^2+\frac{3}{8}N\left(\frac{11}{8}\right)^2+\frac{1}{4}N\left(1-\frac{11}{8}\right)^2\right]^{1/2}=1.32N^{1/2} \qquad (6.13)$$

在英超联赛中，$N=38$，标准差就会是8.1分。

我们也可以用英超最终的积分表来得到比赛中实际的标准差。根据计算，英超联赛实际积分的标准差约为13.6。这个值之所以大于之前计算得到的8.1分，源于球队自身能力分布的影响。图6.12比较了单纯由随机性造成的积分分布和联赛中实际的积分分布。图中间较窄的曲线就是完全根据偶然性算出来的，而靠下方较宽的曲线是实际的偏差。也就是说，仅仅靠偶然性去计算得来的偏差是小于实际偏差的。但显然，偶然性对最终的积分还是有比较大的贡献的，也很大程度上影响了哪个队会成为最终的冠军。足球不能避免偶然性，这也是足球的魅力所在。

通过本章的介绍，我们已经展示了足球比赛中存在的一些规律，但是这些规律不是绝对的，而是一种统计的结果，对教练员和运动员在赛前准备和场上表现都有一定的指导作用。根据这些统计结果，我们可以大致判断比赛的进程、估计比赛的结果。总而言之，统计学对研究足球运动、指导比赛设计确实能够发挥一定的作用。

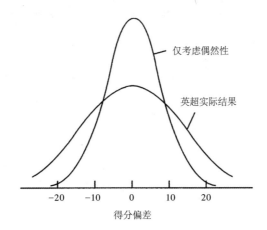

图6.12 仅考虑随机性得到的积分分布与实际分布的比较

第7章
足球运动中的人体科学

7.1 运动人体科学概述

足球作为对人体力量、耐力、速度、柔韧性等体能素质都要求较高的一门综合性运动，具有高强度、间歇性、非周期性（非规律性）等特点。在一场足球赛中，球员跑动的距离大约为10km，其中有8%~18%是以每个队员最高速度跑进行的，高水平的足球赛还有更多在高速中进行的铲球、争顶等动作。

随着现代足球水平的不断提高，世界高水平强队之间的差距已经在不断缩小，各支球队都在想尽办法提高球队的整体水平和球员的个人能力。然而，一支球队的绝对实力往往是由多种因素综合起来决定的。体能、技术、战术、心理、智慧，这五大要素只有协调合理地组织在一起才能达到最好的效果。然而，无论是想要提高哪一方面的能力，运动员自身的机体运动能力都是基础。

运动人体科学是研究体育运动与人体的相互关系及其规律的一门学科，其中最为核心和基础的就是体能和生理方面的知识。这些知识能够帮助运动员科学地认识自身在训练和比赛时的运动能力，有效地分解和抓住运动员自身的强项和弱项，从而为不同特点与能力的运动员进行针对性训练提供依据，进而在提升团队作战优势的同时将运动员的个人能力发挥到最佳。缺少运动人体科学指导的足球训练工作不仅盲目、低效，而且会造成运动员在训练过程中的不良负荷，甚至是运动伤害。

因此，在本章中，我们力求对于足球运动中所涉及的基本的运动人体科学知识做一个深入浅出的介绍，让您对足球运动对人体机能的要求，以及人体对足球运动的反应与适应有所了解。

7.2 足球运动中的体能

7.2.1 体能的概念

随着足球运动的不断发展，足球运动员的体能水平也在逐渐提高。在过去20年里，随着卫星定位系统、视频定位系统、生理生化监控系统等高科技仪器的引入，加之训练水平的不断提高，足球运动员体能的发展已经成为足球运动发展最为迅速的部分之一。根据国际足联的统计，当今职业足球运动员每个赛季要完成60~70场比赛（包括俱乐部、国家队的比赛及友谊赛），且国内、国际比赛的次数也逐渐增加，职业的青年队员（16~20岁）每个赛季的比赛场次也高达50~60场；单场比赛的净比赛时间也比以前更长，足球平均每场比赛总时长（包括补时）为93~98min，场均净比赛时间由1990年的50～55min增加到目前超过60min；球员在比赛中常常需要完成10~13km的跑动距离、30~70次触球（根据不同位置）、150~200次个人动作，平均两次高强度行为之间的间歇时间为15~30s。可见，足球运动作为一项高强度、间歇性的项目，体能显得非常重要。了解足球比赛的体能特点，并有针对性地进行训练，才能有效地帮助队员在比赛中能充分发挥自己的技术、战术和心理特点，保持良好的竞技比赛状态并贯穿整场比赛或整个赛季。

足球体能

体能指运动员机体的基本运动能力，是运动员竞技能力的重要组成部分。体能主要是由运动员身体形态、身体机能及运动素质的发展状况所决定的。身体形态、身体机能和运动素质3个因素各自相对独立，又有着密切联系，彼此制约、相互影响，其中每一个因素都会影响人体整体体能。

7.2.2 身体形态与身体机能

身体形态指人体外部与内部的形状特征。反映外部形态特征的指标有：高度（身高、坐高、足弓高等）、长度（腿长、臂长、手长、头长、颈长、足长等）、围度（胸围、臂围、腿围、腰围、臀围等）、宽度（肩宽、髋宽等）、充实度（体重、皮脂厚度等）。反映内部形态的指标有：心脏纵横径、肌肉形状与横断面积等。

身体形态

由于足球运动对各个位置都有着其特殊的要求，因此，不同位置的足球运动员表现出不同的身体形态特点。例如，守门员通常身材高大，腿长、臂长，臂展等于或略超过身高，手掌较大；而边后卫、边前卫通常是中等身材，大腿围度较大，肌肉线条清晰，踝围细，小腿跟腱较长，足弓较高。

身体机能指机体各器官系统的功能。运动员身体机能系统主要包括神经系统、骨骼肌系统、能量代谢系统、心血管系统、感觉系统、呼吸系统等。这部分内容在后文中会有详细的介绍。

身体机能

7.2.3 运动素质

运动素质指机体在活动时所表现出来的各种基本运动能力，通常包括力量、速度、耐力、协调、灵敏和柔韧性。由于运动素质是体能的外在表现形式，同时也是进行体能训练的基本对象，因此，狭义的体能通常指的就是运动素质。

1. 力量

力量素质

力量指人体神经肌肉系统在工作时克服或对抗阻力的能力。肌肉工作所克服的阻力包括外部阻力和内部阻力。外部阻力包括物体重力、外部冲撞、摩擦力以及空气阻力等；内部阻力包括肌肉的黏滞性、各肌肉间的对抗力，主要源于骨骼、肌肉、关节囊、韧带、腱膜、筋膜等组织的阻力。

力量是足球运动员在比赛中完成各种动作的重要基础。一场比赛中，足球运动员不仅需要克服内部阻力跑动10km以上的距离，同时，他还需要利用身体克服外部阻力与对手进行对抗，从而获得球权或完成射门等。足球运动员的力量素质不仅局限于腿部力量，还包含身体的各个部位。

力量可以分为最大力量、速度力量、力量耐力等不同的类别。最大力量指肌肉在动态或静态形式下收缩克服阻力时所表现出来的最高力值。速度力量（爆发力）指运动员肌肉快速发挥力量的能力。力量耐力指肌肉长时间克服阻力的能力。

2. 速度

速度素质

速度指人体快速运动的能力，包括人体快速完成动作的能力、对外界信号刺激快速反应的能力，以及快速位移的能力。

速度是足球运动中非常重要的素质之一。在一场足球比赛中，一名运动员需要完成100~150次快速冲刺，冲刺距离从10~40m不等（平均20m）。比赛中运动员虽然很少直线长距离冲刺跑，但仍然需要快速不停地变换方向、虚假跑动以迷惑对手。即使是在控球或射门时，他们仍要在高速下去完成各种动作。

具体而言，足球运动员的速度还可以细分为以下各类。

（1）观察、预判、决策速度：对下一步需要完成的行为做出决断。

（2）反应速度：对听觉或视觉信号做出反应。

（3）启动速度：快速启动的能力。

（4）动作速度（有球/无球）：在比赛中高速的情况下完成移动或变换方向等动作的能力（包括有球、无球）。

（5）加速速度：快速改变动作节奏、比赛节奏、攻守转换的能力。

（6）速度耐力：长时间保持最大速度的能力。例如，一名边后卫进攻时快速前插到对方的半场，当本方丢球后他必须以最快的速度冲刺回自己的位置组织防守，往返快速跑动的距离60~70m。

3. 耐力

耐力指机体保持长时间运动的能力。在如今的一场高水平足球比赛中，运动员需要跑动10~13km距离，其中包括2.5~3.5km中速跑、1.5~2.5km高速跑和0.6~1.2km冲刺跑。由此可以看出，足球水平提高的同时，足球运动对运动员耐力的要求也不断地提高。

耐力素质

耐力主要分为有氧耐力和无氧耐力。有氧耐力指机体在氧气供应比较充足的情况下能保持长时间运动的能力。良好的有氧耐力能促进机体摄入更多的氧气以满足运动时能力的消耗，有利于机体迅速恢复，延缓身体和精神的疲劳，降低机体受伤的概率。无氧耐力指机体以无氧代谢供能为主要形式，保持较长时间运动的能力。无氧耐力主要取决于运动员对乳酸的适应和耐受，肌肉和血液对酸性代谢产物较高的缓冲能力，尤其是在比赛中长距离的跑动和高强度的对抗下，良好的无氧耐力能使运动员准确完成各种技术动作和战术策略。

4. 协调

协调指人体在运动过程中身体各部分在时间和空间上相互配合完成各种动作的能力。协调性是运动员完成动作的基本条件之

协调、灵敏和柔韧性素质

一，它贯穿于一切动作的始终，是人体速度、力量、耐力、柔韧性等各种素质与运动技能协同的综合表现。一个人只有具备良好的协调素质，才能使动作做得省力、快速、舒展、流畅和准确。协调性的构成要素包括方向感、反应、分化、平衡和节奏等。

（1）方向感：指运动员在不同时间和空间的自我位置感，是基于所接收的方向位置信息下改变或调整身体的能力。

（2）反应：指运动员在接收信息或比赛的情景下快速做出反应的能力，不仅需要做出正确的技术动作，还需要快速地完成。

（3）分化：指运动员对感知觉器官所感知的信息进行不同方式的处理。

（4）平衡：指运动员在完成某些技术动作或行为时保持身体平衡的能力。例如，在比赛中身体对抗或完成假动作后能重新获得身体的平衡。

（5）节奏：指运动员通过速度快慢的变化从而有节奏地完成动作。例如，通过速度的变化进行运球过人。

5. 灵敏

灵敏指在突然变换条件情况下，运动员改变身体运动的空间位置和运动方向的能力。灵敏被认为是"机体的智商"，是速度、协调、力量等素质的综合反映，在体育运动中具体表现为加速、急停、变向和再加速的能力，在对抗性运动尤其是球类中占有十分重要的地位。通过训练提高灵敏度可以改善运动员神经系统的支配、协调能力，使大脑更灵活；有助于运动员迅速地建立起大脑皮层中相关中枢之间的暂时联系，更快地形成动力定型，高质量地掌握运动技巧；提高身体控制能力、运动感知能力，以产生更加协调、灵活的运动和高效的能量输出；可以在运动中减少多余动作，从而提高运动整体效益；可以有效地控制髋关节、膝关节、踝关节、背、肩部的细微运动，从而避免不必要的损伤。

6. 柔韧性

柔韧性是人体在运动过程中完成大幅度运动技能的能力。决定柔韧性的主要因素包括：运动器官的构造（包括关节的骨结构）、关节周围组织的体积，以及关节的韧带、肌腱、肌肉、皮肤的伸展性。同时，也与支配肌肉的神经系统的机能状态，特别是中枢神经支配对抗肌的协调能力，以及对肌肉收缩和放松的调节能力有关。

在足球运动中，柔韧性不仅仅体现在运动员完成各种技术动作（例如，高难度的倒钩射门、停球及假动作过人），良好的柔韧性还能预防运动员在训练或比赛中受伤。

7.3 足球运动中的骨骼肌机能

肌肉收缩是完整机体的主要活动形式之一，许多生理功能都借此得以实现。人体内的肌肉组织包括骨骼肌、心肌和平滑肌3种。骨骼肌是体内最多的组织，约占体重的40%。在运动过程中，骨骼肌收缩是人体运动的动力，人体各种形式的运动主要是靠骨骼肌收缩活动来完成的。因此骨骼肌收缩便是足球运动员做出的每一个技术动作的内在表现形式。

肌细胞（muscle cell）组成的肌纤维（muscle fiber）是肌肉基本结构和功能单位。成人肌纤维直径约60μm，长度为数毫米到10cm。每条肌纤维外面包有一层薄的结缔组织，称为肌内膜。许多肌纤维排列成束（即肌束），表面被肌束膜包绕。许多肌束膜聚集在一起构成一块肌肉，外面包以结缔组织膜，称为肌外膜。

肌纤维又可以分为快肌纤维和慢肌纤维，二者在形态和生理特征方面有所区别，见表7.1。

表7.1 快肌纤维与慢肌纤维的差异

特征	快肌纤维	慢肌纤维
形态	直径更大，含有更多收缩蛋白，肌浆网更发达	毛细血管网更丰富，肌红蛋白更多，含有更多、更大的线粒体
神经传导速度	较快，2~40m/s	较慢，2~8m/s
收缩速度	较快	较慢
单位收缩力量	较大	较小
抗疲劳能力	较弱	较强
氧化酶活性	较低	较高
无氧代谢酶活性	较高	较低

研究发现，运动员的肌纤维组成和项目特点有关。参加时间短、强度大的项目，运动员骨骼肌中快肌纤维百分比较从事耐力项目运动员和一般人要高；而从事耐力项目运动员的慢肌纤维百分比却高于非耐力项目运动员和一般人；既需要耐力又需要速度的项目中快肌纤维和慢肌纤维百分比相当。

运动员在现代足球比赛中需要做大量的冲刺跑和高强度对抗，它们都是骨骼肌在短时间完成大强度的收缩所完成的动作，因此对于足球运动员来说，骨骼肌快速收缩的能力尤为重要。经研究表明，职业足球运动员的股外侧肌中，快收缩酵解型肌纤维占59.8%，比以弹跳为主的优秀排球运动员还要多出3.3%。而足球运动员在比赛中长时间保持移动和选位都需要较好的有氧代谢能力，这就对于他们肌纤维中的有氧化酶的活性有了较高的要求。因此，一名优秀的足球运动员身体骨骼中同样具备一定比例的慢肌纤维。

7.4 足球运动中的能量代谢机能

7.4.1 物质与能量代谢

为了维持正常的生命活动，机体必须不断从外界环境中吸入各种营养物质，以构建机体组织成分或者更新衰老的组织；同时机体会不断地将这些营养物质在体内分解的代谢产物排出体外。人体与外部环境不断交换营养物质的过程称为物质代谢。在这一过程中，吸入人体的营养物质所蕴藏的化学能释放出来，经过转化成为生命各种活动及运动的能量来源。可见，物质代谢与能量代谢密切相连。

人体所需要的主要营养物质包括：糖类、脂肪、蛋白质、水、无机盐和维生素等。这些物质主要是通过食物摄入体内，是人们正常生活和运动训练必不可少的物质能量来源。

1. 糖类

糖类是人体最主要的供应物质。人每天从糖类获得的能量约占日消耗能量的70%，平均每克糖释放出能量为17.16kJ（4.1kcal）。糖在氧化时所需要的氧气较蛋白质和脂肪都要少很多，因此糖类是最经济的能源物质。

人体的糖以血糖、肌糖原和肝糖原的形式存在，以血糖为中心，使之处于一种平衡的状态。人体储备的糖类物质主要由食物中摄入的糖原和葡萄糖构成。食物中的糖大多是"双糖和多糖"，经消化道消化后以单糖的形式进入血液：一部分合成肝糖原；一部分随着血液流送到各个肌肉组织形成肌糖原储存起来；一部分被直接氧化利用；剩余部分维持血液中葡萄糖的浓度。

由于人体内糖的贮存量相对有限，对于持续时间超过60~90min的运动，糖常成为运动能力的限制因素。当体内肌糖原含量低于临界值（50mmol/kg湿肌）或血糖浓度降低到临界值（3.3mmol/L）时易诱发疲劳，运动强度必然降低或中止运动。因此，适当补糖有助于推延运动性疲劳的产生，直接或间接调节机体免疫功能，并可促进运动性疲劳的恢复，以保持运动能力，提高训练效果及比赛表现。

2. 脂肪

脂肪在脂肪酶的作用下，分解为甘油及脂肪酸，然后再分别氧化成二氧化碳和水，同时释放出大量能量，用以合成腺苷三磷酸（adenosine triphosphate，ATP）。在氧供应充足时进行运动，脂肪可被大量消耗利用。例如，在持续时间超过3h的运动中，肌糖原含量显著降低，脂肪氧化分解供能的比例加大。此外，在人体安静时，脂肪也是心肌、骨骼肌的主要能量来源。

3. 蛋白质

蛋白质是生命的物质基础，是细胞的主要构成成分。在体内的代谢过程中，每日的摄取量与消耗量基本相等。无论人体处于安静或运动状态，蛋白质均不是能量的主要来源；但在某些特殊情况下，如食物中的糖类供应不足或是糖、脂肪被大量消耗后，机体才会依靠由组织蛋白分解产生氨基酸的方式供能。蛋白质的代谢是生命活动中蛋白质合成和分解的动态平衡过程，在长时间运动中蛋白质分解代谢增加，促进了运动后合成代谢的加强，使得肌肉质量提高，肌肉粗壮有力。因此，运动员增加食物蛋白质的摄入量，目的是增加肌肉蛋白质的数量和质量，而并非作为能源贮备。

4. 水

水是人体重要的组成成分，是维持生命活动必需的营养物质。成人体内含水约占体重的60%。人体的含水量受饮水及排汗量的影响较大，还因年龄、性别而异，新生儿含水量为体重的75%～80%，随着年龄的增长，体内水分减少。水在体内有两种存在形式：一种是游离水，游离水可以自由流动，如血液、淋巴液、组织液；另一种是结合水，结合水与无机盐离子及蛋白质、糖类等亲水胶体颗粒结合，参与构成器官组织，如心肌所含有79%的水分即为结合水。游离水仅占体内水的小部分，为3～4L。人体绝大部分水均以结合水的形式存在。

5. 无机盐（电解质）

自然界天然存在的92种元素中，目前在人体已检测出81种。依其在体内的含量不同，可分为大量元素和微量元素两大类。日需量大于100mL的元素称为大量元素，除作为机体主要构成成分的氧、碳、氢、氮（共占人体质量的96.6%）外，包括主要电解质钾、钠、钙、镁、氯、磷、硫7种，一般以离子形式存在，也就是无机盐。无机盐的重要生理意义在于维持机体内的渗透平衡、酸碱平衡及电解质平衡，并是维持神经肌肉兴奋性的主要因素。

6. 维生素

维生素是维持细胞正常生理功能所必需，但需要量极小的低分子有机化合物。这类物质由于体内不能合成或者合成不足，必须由食物供给。大多数维生素，特别是B族维生素，能够激活能量生成过程。运动中机体对能量的需求量增大，B族维生素的作用也就更加重要。维生素A、C和E是作用很强的抗氧化剂，能防止细胞膜的脂质过氧化，防止红细胞膜受损，维持运动中细胞的正常功能。维生素D是钙代谢的调节剂，钙在肌肉的兴奋-收缩耦联中具有重要的中介作用，因而与运动中肌肉收缩做功密切相关。此外，维生素还能协助调节神经系统的功能，保持能量供给系统的适宜状态。

能源物质的利用情况与运动强度密切相关。一般运动强度在最大摄氧量[①]90%～95%以上强度运动时，肌糖原利用速率最大。在最大摄氧量65%～85%之间强度运动时，肌糖原利用情况随运动持续时间的延长而降低。以最大摄氧量30%强度运动时，肌内主要由脂肪酸氧化供能，很少利用肌糖原。

运动开始时骨骼肌首先分解肌糖原，如100m跑在运动开始约3～5s，肌肉便通过糖酵解方式参与供能；持续运动5～10min后，血糖开始参与供能，当运动强度达到最大摄氧量强度时，可达安静时供能速率的50倍；运动时间继续延长，由于大脑等组织大量氧化分解利用血糖，而致血糖水平降低时，肝糖原分解补充血糖，其分解速率较安静时增加5倍。脂肪在安静时即为主要供能物质，在运动达30min左右时，其输出功率达最大。脂肪的分解利用对氧的供应有严格的要求，因此，在长时间运动中，当肌糖原大量消耗或接近耗竭而氧供充足时，脂肪才会开始分解。蛋白质在运动中作为能源供能时，通常发生在持续30min以上的耐力项目。随着运动员耐力水平的提高，可以产生肌糖原及蛋白质的节省化现象。

7.4.2 人体的能源系统

人体在各种运动中所需要的能量分别由3种不同的能源系统

---

① 我们常用最大摄氧量的百分比来衡量运动强度，可以理解为当前的运动强度相当于该人体所能承受最大强度的比例。

供给，即磷酸原系统（phosphagen system）、酵解能系统（glycolytic system）和氧化能系统（oxidation energy system）。

1. 磷酸原系统

磷酸原系统又称ATP-CP系统。该系统主要是由结构中带有磷酸基团的ATP（包括ADP）、磷酸肌酸（creatine phosphate, CP）构成，由于在供能代谢中均发生磷酸基团的转移，故称之为磷酸原。肌肉在运动中ATP直接分解供能，为维持ATP水平，保持能量的连续性供应，CP在肌酸激酶作用下，再合成ATP。

CP在肌肉中贮存量很少，约76.8mmol/kg湿肌。实际上，磷酸原系统作为极量运动（以机体能承受的极限负荷运动）的能源，虽然维持运动的时间仅仅6~8s，但却是不可替代的快速能源。运动训练中及恢复期，既应设法提高肌肉内磷酸原的贮备量，又要重视提高ATP再合成的速率。

2. 酵解能系统

酵解能系统又称乳酸能系统，是运动中骨骼肌糖原或葡萄糖在无氧条件下酵解，生成乳酸并释放能量供肌肉利用的能源系统。一般认为，在极量运动的开始阶段，该系统即可参与供能，在运动30~60s时供能速率最大，维持时间为2~3min。

酵解能系统与磷酸原系统共同为短时间高强度无氧运动提供能量，如足球运动中加速、冲刺时的能量就是由磷酸原及酵解能系统提供。

3. 氧化能系统

氧化能系统又称氧能系统。糖类、脂肪和蛋白质在氧供充分时，可以氧化分解提供大量能量。该能源系统以糖和脂肪为主，尽管其供能的最大输出功率仅达酵解能系统的一半，但其贮备量丰富、维持运动时间较长（糖类可达1.5~2h，脂肪可达更长时间）而成为长时间运动的主要能源。

7.4.3 足球运动中的供能特点

人体运动中能量输出的基本过程为无氧和有氧代谢两个过程。不同运动项目需要不同代谢过程作为其能量供应的基本保证，但一切运动过程的能量供应，都是由3个能源系统按不同比例提供，比例的大小则取决于运动的性质和特点。足球运动更趋于有氧代谢供能为主，统计表明，足球运动员比赛中的各种身体活动所需的能量74.5%是由有氧代谢供给的（走动和慢跑），因此有氧代谢供能是足球运动员最基本、最主要的供能方式。但是，足球比赛中所有技术动作的完成和战术配合的实施，都是在很短的时间内完成的，如快速运球突破射门、快速的摆脱、跑位、跳起抢点争头顶球等，所以无氧代谢也是足球运动员重要的供能方式。

人体的有氧代谢能力可以用最大摄氧量来衡量，它是指人在进行最大强度运动时，各器官系统机能达到最高时机体所能摄入的氧气含量，最大摄氧量的单位通常用相对单位体重摄入量ml／（kg·min）来表示。优秀的男子外场足球运动员最大摄氧量约为50～75 ml／（kg·min），而守门员为50～55 ml／（kg·min）；优秀的女子足球运动员的最大摄氧量一般为38.6～57.6 ml／（kg·min）。

尽管有氧代谢在足球比赛中占主导地位，但起决定性作用的却是无氧代谢。为了进行短距离冲刺、跳跃、铲球和对抗，无氧代谢释放的能量是谁跑得更快或跳得更高的决定因素，这通常对比赛结果至关重要。机体无氧代谢会导致乳酸的产生，乳酸的堆积会引起局部肌肉的酸痛从而影响运动表现。因此，在相同的运动强度下，运动员体内的乳酸浓度越低，对运动表现的影响也就越小。

7.5 足球运动中的心血管机能

一般而言，我们可以用心率和每搏输出量等概念来衡量心脏的输出能力。心率是反映心脏功能的时相指标，其快慢直接反映心脏收缩的情况。可以通过安静心率、运动时心率增加和运动后恢复速率的情况测量心脏收缩功能、运动强度及整体运动状态。每搏输出量指一侧心室每次收缩射入动脉的血量，简称每搏量。左右心室每搏量基本相等。心输出量指每分钟由一侧心室输出的血量，也称每分输出量。

足球运动可以明显提高每搏输出量和心输出量。运动使血流量增加，血流速度加快，静脉回心血量增加，加大了舒张末期心室的容积，同时通过交感神经兴奋及儿茶酚胺分泌增加使心肌收缩力增强，减小收缩末期心室容积，二者共同作用导致每搏输出量明显增加；每搏量的增加和心率的加快使得心输出量显著增加。

机体长时间接受运动训练的刺激后，会逐渐对心脏的结构功能产生显著的影响，形成"运动员心脏"。运动员心脏的两个突出特征是运动性心脏肥大和运动性心率徐缓。

普通人心脏的大小约为本人的拳头大小，质量200～300g。运动员心脏则明显更大，甚至超出普通人的1倍以上。尤其是从事耐力和力量型的运动员，他们的心脏体积较足球运动员还要更大一些。研究发现，优秀运动员的左心室壁厚度增加，左右心室增大，每搏量和心肌质量加大，为运动的良性适应性反应，运动对左心室的重塑较右心室更为显著。

拥有运动员心脏者普遍会出现在安静情况下心率值明显要比正常人低的现象，这种现象就叫作运动性心率徐缓。有统计表明，优秀的耐力运动员心率经常低到40~50次/min，最低的甚至到21次/min。运动心脏虽然在安静状态下表现出较低的心率值，但同时每搏输出量更高，因此安静状态下，运动员和普通人的每分输出量无明显差异。然而，心率较低使得运动员每分钟的消耗要远低于普通人，因此，运动员心脏较普通心脏呈现出了能量节省化现象。

7.6 足球运动中的感觉机能

人体在运动中需要调动的感觉机能主要包括视觉、位觉及本体感觉。一般情况下，视觉、位觉及本体感觉相互联系，经大脑皮层的综合分析功能控制肌肉活动。肌肉活动时发生的本体感觉往往被视、听和其他感觉遮蔽，不容易精确地感知和认识，如我们说的球员的"球感"就属于这个范畴。本体感觉能力必须经过相当长时间的训练，才能比较明显而精确地在自己的动作过程中体验到。例如：运动员在熟练地完成动作时，略有变化就能感觉出来；而新学的动作即使有很大毛病，往往也不易感觉到。因此，要使动作准确无误，必须反复练习。

人的视觉器官十分敏感，能分辨各种物体的大小、形状、明暗、颜色、距离、动静及在空间里的相互作用。在运动员还没有掌握动作技能之前，视觉起着主要作用。在运动过程中，运动员靠视觉掌握环境状况，产生空间感觉，控制本身的动作，观察赛场上变化具有十分重要的意义。在球类运动中，运动员要有良好的视力、良好的立体视觉和开阔的视野。

位觉机能主要通过前庭器官来实现，其稳定性也可以在运动训练过程中逐渐得以完善。某一特定性质的刺激反复、长期地作用于前庭器官，经过一段时间后，前庭器官对刺激引起的反应逐渐减小的现象称为前庭适应。研究表明，在体育运动中，赛艇、划船、跳伞、跳水、滑雪、体操、武术、链球、投掷及各种球类运动项目，有利于提高运动员的前庭功能稳定性，使前庭器官对刺激引起的反应逐渐减小或消失。

7.7 足球运动中的呼吸机能

氧化人体内的营养物质是获得人体在进行新陈代谢过程中所需能量的必要条件。为了达到这一目的，人体会不断地摄取氧气，同时不断将体内产生的二氧化碳排出体外。

这种人体与外界环境之间进行的气体交换就是呼吸。

合理呼吸对于足球运动员来说尤为重要。通过合理呼吸，可以保持内环境的基本恒定，有利于充分发挥人体机能。可以说，呼吸是要通过训练掌握的一门技术，我们在这里简要介绍一些对足球运动有针对性帮助的呼吸技巧。

1. 减少呼吸道的阻力

在足球运动中，为了能够减少呼吸道的阻力，运动员常用以口代鼻或者是口鼻并用呼吸。这样做的好处有三：一是能够减少肺通气阻力、增加通气；二是能够减少呼吸肌为减少呼吸阻力而产生的额外能量消耗，推迟疲劳；三是避免暴露布满血管的口腔潮湿面而增加散热途径。需要注意的是，在严寒的冬季里运动时口不宜张开过大。

2. 提高肺通气效率

高水平的足球队在参加重大赛事前都要进行体能储备训练，我们称之为准备期。基础有氧耐力的储备往往需要逐步提升运动员的呼吸效率和能力，训练中增加呼吸频率和呼吸深度两种方式都可以提高肺通气量。运动时，期望在吸气时肺泡腔中有更多的含氧气的新鲜空气，呼气时希望能呼出更多的含二氧化碳的代谢气体，因此，提高肺通气效率比提高肺通气量意义更大。实践表明，呼吸频率是随着运动强度的增加而增加的，在剧烈运动时，随着呼吸频率的增加，呼吸深度却是在下降的，然而深呼吸能吸入肺泡更多的新鲜空气，使肺泡气中的空气新鲜率提高。

因此，在从事足球运动时有意识地采取适宜的呼吸频率和较大的呼吸深度是很重要的，尤其在感觉到呼吸特别难受、困难时，适当加大呼吸深度的同时注重深呼吸的呼吸方法对提高机体的肺通气量非常有意义。

3. 与技术动作相适应

呼吸的形式、时相、节奏等因素都是要与动作的变化相适应，这不仅仅是为了更好地完成技术动作，更是可以推迟疲劳现象的发生时间。在足球运动员的日常身体素质训练中，呼吸的合理化尤为重要。

1）呼吸形式与运动动作

呼吸的主要形式是胸式呼吸和腹式呼吸，足球运动中大部分时间运动员采取的是胸式呼吸与腹式呼吸相结合的呼吸形式，由于足球技术动作多数都是多元次非周期性运动，因此在训练中呼吸形式的转换多数是很微妙的，这里只区分二者的差异。当有的训练动作需要肩带部固定，这时的呼吸就要转换成腹式呼吸。胸式呼吸往往是在腹部固定的情况下运用的,如当足球运动员在力量训练中做"静力两头起"动作时。

2)呼吸时相与技术动作的配合

合理的呼吸时相主要指以人体解剖学特征与技术动作的结构特点相结合的呼吸方式。一般在完成两臂前屈、外展、扩胸、提肩、展体或反弓动作时,采用吸气,如足球运动员胸部停球前扩胸动作时。而在完成两臂后伸、内收、内旋、收胸、塌肩、屈体或团身动作时,采用呼气,如足球运动员在完成射门动作触球时,往往是采用呼气。

3)呼吸节奏与技术动作

足球的运动特点和周期性运动与长跑、短跑等项目不同。足球运动的动作结构更加多样化,运动强度和量更是受多种因素干扰,因此在足球比赛中运动员们更多采用混合型的呼吸。短距离冲刺时通常会采用"憋气"与断续急性促呼吸相结合,而在无球状态下的慢跑移动则采用富有节奏性的均匀呼吸。

4. 合理运用憋气

憋气指或深或浅地吸气后,紧闭声门,做尽力的呼吸动作。憋气对于运动的好处主要是:憋气时反射性地引起肌肉张力的增加,如人的握力和臂力在憋气时力量最大,呼气时其次,吸气时最小;憋气可以为技术动作创造出很好的肌肉收缩条件。比如,足球运动员在比赛中无球冲刺跑时,憋气可以控制胸廓起伏,使快速摆臂的动作获得稳定的支撑点,同时又避免了腹肌松弛,为提高步频、步幅提供更强劲的牵引力。

憋气对于不同人群在体育运动中的活动也是有利有弊的。长时间的憋气会压迫胸腔,导致心肌、脑细胞、视网膜供血不足,产生头晕、恶心等感觉。由此可见正确使用憋气在足球运动中尤为关键。首先,憋气前不要用力吸气太深;其次,憋气结束时,为了避免胸腔内压骤减,要使得胸内压有一个缓冲,逐渐变小的过程,呼气应该少许地、有节奏地从声门中挤出。

第 8 章
足球运动中的心理学

8.1 足球运动中的压力

足球运动中的压力

足球比赛紧张激烈,赛场上双方对垒,不仅要进行技战术和身体的对抗,同时还有心理的对抗。在科学的大树上,有一个分支就是专门研究人在体育运动中的心理特点和规律,这就是运动心理学。运动心理学是一门内容丰富的学科,本书囿于篇幅限制,暂不从系统性的角度展开论述,而是尝试围绕运动员在足球场上经常面对的一些心理现象,介绍足球运动中一些有趣的心理学知识。

首先介绍"压力"的概念。作为心理学的一个术语,压力是个体面对环境与自身需要产生矛盾的刺激时的一种非特定性反应,常常表现为生理或心理的失衡。在竞技运动中,所有的运动员、教练员和其他工作人员都可能会面对竞赛的各种压力,而不同人面对压力的反应也不尽相同。例如,面对一场重要的比赛,有些运动员能够很好地发挥自己的水平,甚至是超水平发挥;但是也有很多运动员在压力之下的运动表现会打折扣,甚至会出现明显的发挥失常(choking,也称"卡壳")现象。在比赛压力情景下,运动员如何控制好自己的情绪和行为是一个难题,完全的控制几乎是不可能实现的。但是通过了解压力产生的过程和机制,我们可以加强运动员对自身心理的了解,从而帮助其进行自我调节。

8.1.1 运动员压力的产生

运动员产生压力的过程包含压力刺激、认知评价和压力反应3个环节(图8.1)。首先,要产生压力必须有压力源,这个压力源对运动员产生刺激;运动员面对压力刺激的时候,会对自己的应对资源进行评估,对压力情景进行评价。作为评价的结果,运动员如果觉得不足以应对压力产生的刺激,就会把这种压力刺激感知为一种威胁,并产生一定的压力反应。

可以看到,在压力产生的整个过程中,压力刺激是产生压力的先决条件。那么对于足球运动而言,哪些因素会成为使运动员产生压力的源头呢?有学者对此进行了专门的研究,结果

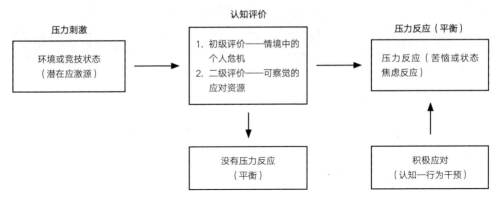

图8.1 运动员产生压力的过程

表明，我国职业足球运动员的压力大致来源于比赛、人际关系、生涯发展、身心状况、他人和自我期望等方面（表8.1）。

那么，运动员接受了压力源的刺激是不是立刻就会产生压力反应呢？并非如此，还要看运动员对这个压力刺激的认知。面对来自对手、队友及比赛任务等各种压力时，运动员会把自身所具备的应对资源（如个人技术、战术能力及身体能力等因素）与压力源进行比较和评估，以此判断自身的应对资源能不能与压力抗衡。如果运动员觉得自身资源足够应对压力刺激，那么就不会产生压力反应，运动员的身心会保持平衡状态。只有当运动员认为自身资源不足以抗衡压力刺激时，才会将这个压力刺激评价为威胁，并产生压力反应。运动员的压力反应还可以分为躯体反应、行为反应、情绪反应和认知反应等。

1. 躯体反应

运动员对压力产生的躯体反应主要包括心跳加速、出汗、肌肉紧张等。

2. 行为反应

运动员对压力产生的行为反应往往会对比赛产生直接的影响。一方面，在压力下运动员能够调动身体的能量以充分应对压力，另一方面也可能会产生攻击行为，给个人和集体带来危害。一般而言，轻度压力能导致正向的行为适应，中度压力会妨碍身体各部位复杂行为的协调性，降低对环境的反应力，造成重复、刻板的行为动作。此外，运动员处在高度压力下还可能导致具有攻击性的暴力行为。

3. 情绪反应

运动员对压力产生的情绪反应包括积极的情绪和消极的情绪。积极的情绪包括情绪

表8.1 我国职业足球运动员的压力源

运动员提及的压力源内容	压力源子类	压力源分类	频率
比赛的重要性（6），成绩压力（21），想赢怕输（2）	比赛成绩的压力（29）	比赛的压力（66）	45.2
担心比赛表现不理想（12），跟不上比赛节奏（2），无法集中注意力（2），担心失误（4）	比赛中自我表现的压力（20）		
观众喝倒彩(7)，教练场边的训斥（2），裁判不公（5），比分一直落后或场面一直被动（3）	比赛环境的压力（17）		
与队友无法共识（2），与队友沟通或相处困难（3），与队友关系一般（4）	队友关系的压力（9）	人际关系的压力（27）	18.49
担心得不到领导或教练的信任（3），教练不喜欢我(3)，与教练关系不好（2），教练偏心（2）	领导、教练的压力（10）		
亲人或朋友不支持我（2）	亲朋好友的压力（2）		
球迷不太喜欢我（2），媒体记者对我不够友好（4）	其他人的压力（6）		
打不上主力（13），转会的担心（4），签约的担心（3），退役（3）	生涯发展的压力（23）	生涯发展的压力（23）	15.75
担心伤病（11），体能不达标（3）	身体方面的压力（14）	身心状况的压力（18）	12.33
缺乏信心（2），自控能力较差（2）	心理方面的压力（4）		
达不到教练或队友的期望（6），达不到朋友、家人的期望（2），达不到球迷及新闻媒体的期望（2）	他人期望的压力（10）	他人和自我期望的压力（12）	8.22
无法达到自己的期望值（2）	自我期望的压力（2）		

注：表格内容直接引用自参考文献，括号内的数字代表运动员提及该条目的次数。

振奋、精神焕发、斗志昂扬等；消极的情绪包括紧张、焦虑、抑郁、暴躁、沮丧等。压力带来的负面情绪会干扰运动员临场思考能力，降低反应速度和动作灵敏性。因此，稳定的情绪是优秀运动员心理品质的主要特征之一。

4. 认知反应

运动员对压力的反应还表现在认知能力上。适度的压力可以使人的注意力更加集中，无关线索被摒除，促进运动员的运动表现；而过高的压力将使运动员注意的范围更加狭窄，注意焦点更容易放在具有威胁性的事件及个人的焦虑，无关线索和有关线索都被摒除了，使思维的灵活性下降，创造力降低，这样就会破坏运动表现。

8.1.2 攻击性行为的心理机制

攻击性行为是运动员在压力下产生的行为反应的一种。针对运动员在压力下产生的攻击行为，美国心理学家多拉德（Dollard）和米勒（Miller）等提出了挫折–攻击理论，认为挫折与攻击行为之间具有一种内在的因果关系：挫折导致某种形式的攻击行为；攻击行为的产生总是以某种形式的挫折存在为先决条件。赛场上使运动员感到挫折的事件有很多，如比分落后、红牌罚下等。这类场景中最具代表性的案例发生在2006年德国世界杯的决赛场上，在加时赛第109min时，法国队久攻不下，比分仍然处于平局。此时，意大利队后卫马特拉齐在本方后场与法国队核心球员齐达内发生口角，齐达内丧失冷静，突然头部顶在马特拉齐胸口上，意大利后卫应声倒地。主裁判埃利松通过和第四官员交流，向法国队长出示了红牌。最终，法国队在点球大战中不敌意大利，遗憾地与大力神杯擦肩而过。在这个案例中，决赛的关键性、比赛接近结束的紧迫性、场上令人焦灼的形势，再加上对方球员对自己的轻蔑，这些压力源的同时作用令齐达内心中产生挫折，最终使其心态失衡，并表现在行为之上，让自己和团队付出了惨重的代价。

此外，足球攻击行为产生的心理机制还有以下3种。一是较高的唤醒水平。在唤醒水平较高时，运动员遇到挫折或处于暴力刺激的情境中就会发生暴力行为。足球比赛中球员和球迷的身体常处于一种高度兴奋的唤醒状态，由于激烈比赛情境的刺激，身体机能状态比平时更为活跃，此时激活其愤怒情绪极易引发暴力冲突。二是去个体化。足球运动员缺乏行为的认知中介作用，很少考虑个人行为的后果，内疚感的缺失，加上比赛中高度的激动和注意的外向化等因素，自我控制能力下降，思想情绪活动被集体同化，会出现群体激化现象。三是自我显示心理。足球运动员有想引起人们关注的心理动机，表现为更富有主动性、显示性和外在性。

8.1.3 压力下的"卡壳"现象

运动员在面对高比赛压力时，有时会出现所谓的"卡壳"现象。它是运动员在比赛的关键时刻，千方百计地想通过自己的努力完成动作，获得优异的运动表现，然而事与愿违，反而出现了失误。这种在压力下，运动员的运动表现显著下降的现象，在心理学上称为choking，是习惯的运动执行过程发生衰变的现象，也就是通俗理解的

"卡壳"现象

"发挥失常"。

在足球比赛中,即使是优秀的运动员,面对巨大的压力也会出现"卡壳"现象。在一些重大赛事的淘汰赛甚至决赛场上,经常会出现明星球员罚丢点球的场面,这就是"卡壳"的表现。例如,1994年美国世界杯的决赛,在意大利和巴西的点球大战中,意大利队的灵魂球员巴乔莫名其妙地罚飞了点球,使意大利队痛失冠军。

那么,为什么运动员在面对巨大压力时会出现"卡壳"现象呢?要知道,足球比赛有集体的配合,有运动员队友之间的相互支持,运动员即使产生焦虑,也会随着比赛的进程逐渐减少;更何况,能出现在重要比赛中的球员,尤其是明星球员的比赛经验十分丰富,见过各种各样的重大比赛场面,技术动作经过了千百万次的重复,也已经达到了炉火纯青的程度。因此,"卡壳"现象的发生绝不是单纯地因为过度的紧张焦虑。对此,运动心理学的解释有两个学说,其一是干扰说,其二是自动执行说。

干扰说认为,压力下产生的干扰信息分散了运动员的注意力,使他们注意了本不该注意的东西,从而导致了运动员的动作失误。例如,有的运动员在压力之下想到的是成功的意义和失败的后果,而忘掉的却是他真正应该注意的动作细节和动作过程,于是导致了失误。这种理论看起来适合解释为什么水平相对较低的运动员更容易发生"卡壳"现象。

自动执行说认为,当运动员意识到比赛重大意义的时候,他会试图付出更多的努力来确保对动作的控制,来争取成功,但是这种努力往往会破坏了动作的连贯性,导致动作的失误。例如,有的运动员为了罚好点球,他刻意地注意支撑腿的落地位置,试图改变膝关节摆动的角度,但这就破坏了动作本身的连贯性,导致动作出现失误。自动执行说可能更适合于解释高水平运动员在类似罚点球这种典型动作情境中出现的"卡壳"现象。

由此可见,上述两个理论虽然有差异,但都提及了压力对注意力的影响,这也属于运动员在压力下产生的认知反应。那么,如何针对"卡壳"现象进行预防呢?在此,我们简略地给出4条建议,仅供参考。

（1）加强模拟训练，提高比赛适应力，熟能生巧。

（2）在做动作时不要犹豫拖延，应该果断决策一气呵成。以罚点球为例，罚点球的时候其实拖延的时间越久，对罚球者越不利，因为犹豫和拖延的时间越久，运动员产生杂念的可能性就越大。所以主罚点球者不能犹豫，在做出判断和决策后，迅速地、连贯地执行自己的技术动作。比赛中有些时候对手也往往会通过拖延战术来造成罚球者的"卡壳"。

（3）抛弃消极念头。"卡壳"现象常常和比赛中的消极念头密切相连，所以比赛当中应该尽快忘掉那些让自己不愉快、不舒服的事情，抛除杂念才能全神贯注地控制自己的动作过程。

（4）注意要做什么，而不是怎样做。有时候过多考虑动作的细节会降低动作的连贯性，运动员在面对压力下应该更多关注行为决策而不是关注动作的每一个细节。

8.2 焦虑情绪与运动表现的关系

8.2.1 焦虑情绪

上文中，我们从压力说起，介绍了运动员在压力下可能产生的一些压力反应和现象。其中，压力的反应就包括情绪反应。焦虑就是一种常见的运动员在压力之下产生的情绪反应，是一种复合型的负性情绪。

足球运动中的焦虑情绪

焦虑产生的原因主要是事情的不确定性，即"三个不知道"——不知道即将发生什么、不知道别人期望自己做什么、不知道最好的行动方针是什么。运动心理学的研究表明适度的焦虑是必要的，因为它可以帮助运动员有效地集中注意力，排除一切杂念来解决技战术问题，但是过度的焦虑会影响运动表现并降低运动成绩。

运动员的焦虑可以进一步区分为状态焦虑和特质焦虑。状态焦虑是一种短暂的情绪状态，其特征表现为忧虑、恐慌及生理性唤醒的增强；特质焦虑是感知环境中的威胁，并表现出焦虑反应的一般倾向，是相对稳定的人格特质。与低特质焦虑的个体相比，高特质焦虑的个体在很多环境下更易觉察到威胁，从而也更容易出现高状态焦虑，并干扰运动表现。

8.2.2 最佳功能区理论

自信心强、成就动机强、意志力强、情绪稳定及适当注意焦虑的范围和水平都是优秀足球运动员创造好成绩的必备条件。最佳功能区理论认为，每个运动员都有自己最适合的焦虑程度范围，在这个范围之内他才可以发挥优异的水平，创造优异的成绩。但是如果焦虑超出合理范围，焦虑水平太高或太低，都有可能影响他的运动表现。

最佳功能区（或称"最佳唤醒区"）理论由苏联心理学家尤里·汉宁提出，该理论认为运动员与运动员之间的最佳状态焦虑水平会有所不同，如果可以找出运动员发挥最佳时所对应的状态焦虑水平，那么通过唤醒控制技巧将会使运动员达到最佳竞技水平。如何确定运动员的最佳赛前状态焦虑水平呢？一般采用回溯的方式，也就是在运动员发挥最佳表现之后采用回忆的方式对焦虑水平进行测量，这里的"最佳"既可以是某一场比赛，也可以是某一最佳行为。运动员回忆得越及时，测量结果与真实的焦虑水平越接近。一旦确定了最佳赛前状态焦虑水平，在此基础上就能够围绕它来划定一个范围区域。根据汉宁的理论，如果运动员的状态焦虑位于这一范围之内，那么他就有可能会发挥出最佳水平。

8.2.3 灾难模型

为了研究焦虑与运动表现的关系，运动心理学又把焦虑分成了认知焦虑和躯体焦虑。认知焦虑就是人认识上所感到的担忧。躯体焦虑主要是焦虑发生的时候所产生的躯体反应，如心跳加快、血压升高、手心出汗、呼吸急促等。

认知焦虑和躯体焦虑及运动表现之间呈现的是怎样的关系呢？美国学者哈迪和法基引进了法国数学家托姆提出的一个数学上的灾难模型，这个模型描述了不同躯体焦虑水平下，认知焦虑变化与运动成绩的关系。

当认知焦虑较低时，躯体焦虑和运动表现的关系呈现出一条柔和的倒U形曲线（图8.2）。根据这条曲线，生理唤醒（即躯体焦虑）过低和过高时，均是不利于运动表现的；只有当躯体焦虑处于中等水平时，运动表现才最好。

当认知焦虑较高的时候，情况就会发生变化。当认知焦虑较高时，随着躯体焦虑水平的升高，开始时运动表现随着躯体焦虑的升高而慢慢上升，但当躯体焦虑高到一定程度时，运动表现就会出现大幅下降，这就是所谓的灾难模型（图8.3）。

　　灾难模型提示我们，任何时候都要调节和控制认知焦虑，使它处在比较低的水平，也就是说要尽量减少运动员的紧张担忧和恐惧情绪。关于躯体焦虑，我们知道它和运动表现的关系在低认知焦虑下是一个倒U形的关系，于是我们要调节躯体焦虑的高度，使它处在中等适宜水平。

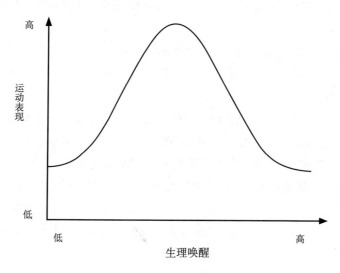

图8.2　低认知焦虑

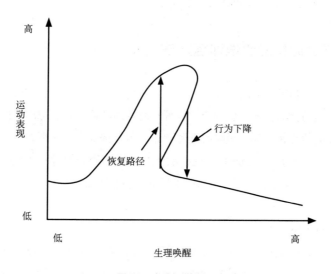

图8.3　高认知焦虑

8.3 足球运动员的压力反应特征和心理训练

8.3.1 足球运动员的压力反应特征

通过上文的介绍可以知道,不同的人面对压力会产生不同的压力反应,因此,对足球运动员的心理训练也需要根据个人的特点"因材施教"。下面介绍具有不同品质的足球运动员压力反应的一些特征。

专业运动员与非专业运动员相比,具有更强的独立性、更强的自信心、更少的焦虑和更多的外向性。有研究表明,高水平运动员的人格障碍较低,心理更为成熟,表现为更强的敢为性和更少的攻击性行为。

高水平运动员与低水平运动员相比,有经验的运动员赛前的状态焦虑水平更高,在比赛来临之际焦虑水平下降,会正常进入比赛。低水平运动员赛前焦虑不足,进入比赛后焦虑水平上升乃至难以控制,会出现更多失误,导致表现下滑。

不同位置足球运动员相比,中后卫的攻击性高于前锋,在比赛中极力保护的对象遇到对手强烈冲击时会产生强烈的自卫本能。前锋为得分需尽量避免与防守队员身体接触,以更好地完成进攻。后卫队员的焦虑平均值也要高于前卫和前锋队员的焦虑平均值。

男子和女子足球运动员相比,男运动员的注意范围更广泛,外在性突出,而女性运动员更擅长缩小注意范围,提高内在注意力水平。

8.3.2 足球运动员的心理训练方法

依据足球运动员特殊的运动品质,可以对足球运动员做针对性的心理训练。这有助于培养和提高运动员的良好动机和个性特征;培养运动员良好的意志品质,增强克服困难挫折和失败的信心和勇气,消除心理障碍;发展和提高专项心理素质,促进运动技术水平提高;积极提高运动员心理稳定性和承受力;有利于运动员消除疲劳,恢复体能。

可以通过以下5种方法,来对足球运动员进行心理训练。

1. 表象训练法

运动员在意识的支配下,按程序在脑海中重复再现原有形成的动作表象,引起相应动作部位产生肌肉活动,从而达到建立和巩固正确动作的动力定型,加深动作记忆。使用摄影摄像、计算机、电视机、幻灯机等播放运动员在比赛中的技术动作和技战术运用时的情况，或观看优秀运动员在比赛中的技战术运用和赛场上表现的画面，以进一步加深运动员对足球比赛的理解和对技战术运用的巩固。

2. 自我暗示训练法

这是一种自我调节方法，根据运动员完成的任务和需要解决的问题而有所不同，有特定指向性和目的性，用以消除或减少因训练比赛产生的身体和神经上的紧张。例如：运用积极主动的暗示能激励自己奋发努力和取得优异成绩，如"我们会成功的""这场比赛我们一定要赢"等积极话语进行暗示；运用消极暗示会刺激产生自卑感，进而影响训练效果。

3. 模拟训练法

将训练安排在与比赛条件基本相似的环境条件下进行训练，分为语言形象和实景情况两种，旨在减少运动员的赛前紧张，提高对临场比赛环境的适应能力，检查运动员赛前心理、身体及技术等方面的准备情况。例如：使用图像、录像、电影等进行语言和形象的表象来描述赛场情景，在赛前有重点地进行联系，起到"脱敏"作用；利用比赛规定的场地、时间、音响、观众等进行实景练习以达到较佳的实战效果，增强队员的积极主动性，形成与比赛相适应的心理状态。

4. 意志训练法

通常采用鼓励法、施加压力法和自我监督法等手段，逐步培养运动员良好的意志品质。例如，赛前通过素质训练、固定战术训练和实战演习训练等有意识地施加压力和增加难度，旨在培养运动员自信心和提高运动员技战术上的稳定性。

5. 放松训练法

通过外部或内部言语信息和意念活动引起反射和变化，使运动员身心处于放松状态。足球运动有场地大、人数多、时间长等特点，运动员神经肌肉骨骼运动系统容易处于疲劳状态，因此放松训练十分重要。例如：通过闭目想象身心处于最舒适状态的情景；运动音乐或语言提示进行放慢节奏的腹式呼吸；按照练习顺序体会全身放松发热的感觉等。训练时应排除杂念干扰并集中注意力。

第9章
足球运动损伤

9.1 足球运动损伤概述

现代足球运动比赛过程对抗性强，经常出现快速冲刺和转向等动作，这也导致足球在众多运动项目中，发生运动损伤的概率较高。跑动时跌倒、跳起落地或急停急转、身体冲撞等都是损伤多发的常见动作和运动时机。损伤发生率受到外在环境和内在危险因素共同影响；受伤程度从常见擦伤、挫伤，到严重的骨骼肌肉损伤都有发生；主要损伤类型有肌肉拉伤、擦伤、撕裂伤、骨折、关节脱位、肌肉痉挛等。

足球运动损伤以急性损伤为主，慢性损伤较少。损伤中除一般常见的擦伤及挫伤外，踝关节的扭伤最常见。其次是大腿前后肌肉拉伤、挫伤。膝关节损伤又次之，如半月板撕裂、膝十字韧带撕断、髌骨骨折、髌骨软骨病等。守门员因为经常扑球摔倒，所以很容易发生手腕（舟状骨骨折）及肘的创伤。损伤给运动员的职业生涯多带去负面且长期的影响，本章介绍一些相关知识，帮助读者科学地认识、合理地避免并正确地处理足球运动损伤。

9.2 足球运动损伤发生的原因

1. 外因

造成足球损伤的外因通常包括以下4点。

1）身体对抗

足球是同场对抗类运动项目，比赛中有非常多激烈的身体对抗。随着现代足球的发展，这种对抗越来越激烈，不管是进攻还是防守，由于比赛节奏加快，运动员之间可创造的空间越来越小，身体间的接触越来越频繁，反映在球场上就是激烈的拼抢和对抗。有研究表明，在外力作用下导致的伤害约占整个足球运动损伤的60%，如：突然改变体位，小腿的突然扭转、内收或外展，可以引起膝、踝关节的韧带及骨的损伤；比赛和训练中被对手犯规或者冲撞、干扰直接或间接造成的损伤，如激烈比赛时紧张地争夺、疾跑与铲球，易导致大腿与小腿的肌肉拉伤与断裂。

2）技战术特点

足球运动技术复杂，战术多样，难度较大。运动中大多数技术动作用脚来完成，运用足的踢、停、运、抢以及假动作实现对球的控制。但由于一些球员本体感觉较差，不易准确完成技术动作，且需经常改变体位，容易因此而造成身体损伤。技战术配合也需要经过长时间大强度的系统训练，增加了身体的疲劳和受伤风险。

3）环境条件

器材设备未充分保养和定期检查；运动场地的地面不平或湿滑，有碎石或杂物；光线不足导致视线不佳；运动时服装或球鞋不合身。以上这些环境条件都更容易造成运动员受伤。此外，如在气温高的地方或季节，运动员在长时间大强度运动下，会失去大量体液和电解质，容易引起脱水、肌肉痉挛、注意力涣散，从而增加受伤风险。严寒天气、雨天同样都会增加受伤风险。

4）科学性原则的缺乏

教练员或运动员缺乏必要科学训练和比赛知识，训练量过大、过小或过于集中；对技术动作要求不规范，导致平时训练中传球关节放松或紧张程度不够，久而久之形成习惯，在正式比赛中遇到来球力量过大时，就容易造成损伤。

2. 内因

造成足球损伤的内因通常包括以下6点。

1）技术动作

足球训练和比赛中运动员在做单一循环（如跑、跳）或者多单元的技术动作（如射门、传球、急停变向）的过程中，身体骨骼或者肌肉出现机能性疲劳损伤。例如，踝关节、膝关节和腰部常年进行屈伸、内收外展和旋转，造成关节及关节周围肌腱长时间处于超负荷超常规应急工作状态。又如：用脚外侧踢球，就容易损伤距腓前韧带，这是最常见的踝关节损伤；用足内侧前脚踢球，由于膝关节屈曲，小腿突然因球的作用而外旋外展，就很容易造成膝关节内侧副韧带、半月板及前十字韧带的损伤，特别是与对方运动员"对脚"时。

2）准备活动不足

准备活动是日常运动或训练比赛必不可少的重要环节，可以使身体各器官组织都由原来的抑制状态转入兴奋状态。关节、韧带、肌肉等没有经过充分的准备活动就开始运动容易引起腰、膝、踝关节韧带扭伤和肌肉拉伤，严重时甚至会发生骨折。

3）体质水平差异

受到遗传因素、营养条件、体育锻炼、生活环境等多方面条件的影响，运动员身体机能和身体素质等表现出显著个体差异，具体表现在肌肉活动的力量、速度、耐力、灵敏等方面。肌肉力量不足、关节稳定性较差等自身体质条件通常容易引起撞伤、扭伤、拉伤、韧带撕裂及骨折等足球中常见运动损伤。

4）疲劳状态

足球运动训练时如果身体机能欠佳或情绪不佳，机体处于疲劳状态，导致肌力不足、动作灵活性差、反应迟钝等，这些都与损伤密切相关。

5）缺乏损伤预防观念

主观上的心理准备不足是造成足球中运动损伤的首要原因之一。多数足球运动参与者在预防运动损伤的意义上缺乏清晰认识，对准备活动等自我保护的安全措施未给予高度重视。

6）心理承受能力

心理因素体现在运动员的个体特性方面，包括敌视感觉、技能不足感觉、身体全神贯注能力、胆怯、易激动等一系列导致焦虑和压力的反应。应激、焦虑、紧张情绪等心理因素与损伤的次数和损伤严重程度都有关。

9.3 常见运动损伤的处理措施

1. 开放性软组织损伤的处理措施

创口较浅、面积较小的擦伤，可用生理盐水洗净后局部擦以红汞或"紫药水"，无须包扎。但关节部位的擦伤尽量用抗菌软膏涂抹后覆盖包扎，较严重的擦伤一般在臀部下端和膝关节处，创口中还常有煤渣和沙土等异物，用生理盐水冲洗时可用消毒过的牙刷刷净，并用双氧水清洗，创口周围用75%的医用酒精消毒然后包扎。

2. 闭合性软组织损伤的处理措施

闭合性软组织损伤是足球运动中最常见的损伤类型，特点是损伤表皮无裂痕，损伤后常有组织内出血、组织液渗出，形成局部血肿或淤血，一般有挫伤、扭伤、拉伤等，如果处理不及时或不当，不但会延长疗程，还可能影响以后从事足球运动。

在足球运动过程中发生闭合性软组织急性损伤，应根据损伤的具体情况做出及时适当的处理。首先，要遵循制动、止血、防肿、镇痛的基本原则，在损伤部位静止的状态下，立即进行冷敷，可用冰水、冰块等，也可以直接用布条进行包扎。如现场无上述条件，可先用手直接压伤处或周围的主动脉，防止受伤部位出血、肿胀。此时千万不能对伤部进行按摩，因为这会加重组织出血和组织液的渗出，加重肿胀。

闭合性软组织损伤的类型包括挫伤、肌肉肌腱拉伤、关节韧带扭伤等。

1）挫伤

足球运动中相互冲撞的钝力直接作用于身体，常见于股四头肌、胫骨前肌、头、胸等部位。轻度受伤者，局部皮肤微肿，疼痛不严重，稍加冷敷即可继续上场。重者皮下出血，红肿部位较大，或隆起大包，手触即痛，需使用冷镇痛喷雾剂（冷冻剂）加包扎处理，腿部可外加护套。挫伤后24h内切不可热敷或热水浸泡，以防血管扩张加剧出血。

肌肉纤维没有明显断裂者应保持跑步、小量活动，有利于淤血肿胀的消散吸收。

2）肌肉肌腱拉伤

一般发生在肌肉、肌腱交界处或腱的附着处。足球运动中由于过于用力或被动拉伸很容易出现拉伤，尤其是球员带球冲刺、射门、长传、接高球、急停、急转时，受伤部位多见于股四头肌、股二头肌、腓肠肌和跟腱。轻者需用冷冻剂处理，中度受伤者应外加压包扎和护腿，伤重者需高抬患肢停止比赛。

3）关节韧带扭伤

间接外力作用下使关节发生超常范围的活动，造成韧带部分纤维断裂或完全断裂，引起关节半脱位或完全脱位，并发关节囊滑膜和软骨损伤，足球运动中常见于肩、膝、踝等关节。以踝关节扭伤为例：一般单纯性的踝关节扭伤表现出关节一周痛，肿在关节缝内，能完成屈伸和内外翻动作。跟腓前韧带损伤多为踝关节内翻式扭伤，外踝上部肿胀，局部压痛，做内翻重复动作时最痛。跟腓后韧带损伤时，外踝下部肿胀压痛。如损伤不涉及骨折风险，仅为关节囊和韧带的损伤，需在患处喷冷冻剂或冷敷，高抬患肢，再加压包扎固定。内翻式扭伤时绷带需从外调向上包裹，3天后开始进行踝部按摩等以促进关节囊内积液吸收。

4）足底水泡

先用碘酒、医用酒精消毒，再用注射用针头挑破水泡放水，用消毒棉球挤净，在伤口处放置消毒棉花帮助吸水。赛后进一步用紫药水、四环素药膏处理，避免触水感染。

3. 骨折的处理措施

足球中发生骨折的部位大多在小腿胫腓骨，多为直接暴力所致的闭合性骨折，活动肢体时疼痛加剧。一般可见血肿渗入皮下，形成青紫色皮下瘀斑，骨折后无法站立行走，严重的胫腓骨骨折后还会发生肢体变形。

骨折发生后，首先让患者伤肢处于静止状态，马上寻找固定材料——两块宽窄合适的模板，宽度5~10cm，长度长于小腿，或用树枝、竹片代替，外加布条或绳索4根；将夹板分别置于小腿内外两侧，上至大腿下部，下达足跟部，用布条分别在膝上、膝下和踝部缚扎固定，然后将伤腿与健腿捆绑在一起立即送往医院处理。

9.4 运动损伤的治疗原则

合理安排伤后训练是治疗运动损伤的首要原则，其意义是可以保持运动员在训练中已经获得的训练效果，一旦伤愈即能迅速投入正规训练，可以防止因伤后突然停训而引起的"停训综合征"。可以通过肌力练习防止伤部肌肉萎缩，加强关节稳定，加速血液循环，改善伤部组织代谢与营养，消除粘连，刺激生长，缩短修复时间，还可以使伤部得到适当休息。因此，运动员受伤后应尽量避免完全停止训练。

为达到合理安排的目的，必须采用"三结合"的工作方法：首先医生根据伤情、损伤机理解剖弱点等提出应避免或减少哪些动作，应加强哪些肌肉的练习；其次教练员提出全面及伤部训练的具体计划交运动员研究试用，并详细记录其反应；最后再共同修改制订新的计划。只有这样反复实践，才能使计划更为科学。

同时，运动损伤后，也要注意全身治疗。运动损伤的发生，常与全身状态不良有关，治疗时也应注意全身状态的改善，必要时补给维生素B_1、维生素C、维生素E等。

9.5 运动损伤的预防措施

1. 科学化训练

预防运动损伤的首要措施是科学化地开展运动员的训练，具体而言，又可以包括以下措施。

（1）加强训练工作，遵守训练原则。强化技术动作规范化学习，加强基本技术和基本技能的教学训练，掌握正确、规范、合理的技术动作。对于高难度动作的学习应注意训练方法的变换，熟悉掌握正确基本技术动作是预防运动损伤最好的途径。加大运动员的体能训练，尤其是下肢各肌肉、关节及腰腹部的力量训练。

（2）加强运动中的保护与帮助。除教练员加强保护与帮助外，运动员自己也应学会摔倒时的各种自我保护方法。基于运动员自身角度出发，加强安全意识培养，遵循运动规则要求，约束自身行为和动作。

（3）科学化安排准备活动。准备活动的内容和负荷根据训练内容或比赛情况而定，同时注意身体状况的变化特点，结合易伤部位进行积极充分的准备活动，特别做好大、小腿及髋、膝、踝关节的准备活动，提高机体的兴奋性，充分动员神经系统和内脏器官的功能，在生理和心理上都更加充分进入运动状态以完成训练和比赛。

（4）训练时合理安排运动量。坚持全面身体锻炼的原则，避免疲劳和局部负荷过重，加强易受伤部位和相对薄弱环节的锻炼。训练或比赛后及时做好放松练习。

（5）注重柔韧性训练。加强足球运动的对外抗击能力，训练期间全面提升训练强度和韧带抵抗外力的能力。

（6）加强关节养护性训练。关节养护性训练指在训练中针对身体易伤部位和薄弱环节（如肩、腰、膝、踝关节）进行预防伤病的体能训练。通过加强对运动关节周围稳定肌群的力量练习，达到加固关节稳定性和平衡能力的目的，从而有效保证运动中的合理身体姿势和发力顺序，使伤病得到预防。

2. 全面化保障

除科学训练之外，我们也需要通过为运动员创造全面的保障条件来减少运动损伤的发生。具体而言，包括以下措施。

（1）加强对运动员的医务监督工作，其主要内容包括：①定期进行体格检查，决定能否参加训练和参加哪几项运动为好。检查内容，除一般健康与机能检查外，还应根据运动损伤的发生规律增加一些项目的检查。②加强对教学、教练与比赛时的卫生监督及急救工作。③加强运动员的自我监督。

（2）在足球队中建立保健员制度。保健员由运动员担任，负责简单的场地急救、小伤处理，记录运动量的大小及伤后训练反应等。

（3）建立教练员、医生及运动员三者相互学习、协作配合的制度。经常举办体育理论和有关运动员损伤知识的讲座和讨论，不断提高理论水平，以适应运动技术水平提高的需要，统一认识、密切协作。

（4）改善和提升比赛和训练的场地和装备。

3. 综合化发展

除科学化训练和全面化保障外，还应该通过促进运动员身心的综合协调发展来帮助运动员建立起健全的人格，从而减少运动损伤的风险。具体而言，首先是加强运动员的心理承受能力，教练员要充分了解运动员的个性心理特征，善于调整队员的心理状况，并运用放松训练、正念训练、自我暗示训练、模拟训练等各种心理训练手段，对运动员进行全方位的心理训练，以提高运动员的个体心理品质，培养良好的心理训练水平，减少因心理因素产生的运动损伤；其次还要加强对运动员的道德教育，帮助其树立正确的比赛观，减少甚至杜绝蓄意犯规和故意伤人行为的发生。

足球运动损伤与预防

第 10 章
足球的社会意义和人文价值

足球运动与科学

10.1 足球的人文社会科学视野

　　提及足球运动与科学，其实开宗明义就有一个问题——我们为什么要研究和讨论足球？根本的原因在于，足球不仅是一个竞技体育项目，它具有广泛的社会意义和重要的人文价值。足球是一种文化现象，是社会生活的重要映射，是人文教育的重要舞台，是经济发展的重要市场，它甚至能成为一个积极的政治命题。习近平主席曾这样谈及他对足球运动的理解："足球是一项讲究配合的集体运动，个人能力固然重要，但团队合作才是决定比赛结果的关键。这是我爱好足球运动的原因之一。"作为"世界第一运动"，足球教人以团结协作、不惧挑战、拼搏奋进。作为一种"世界语言"，足球架设起不同民族、文化沟通的桥梁，是推动人类文明进步和世界和平发展的重要动力。在新时代我国体育事业的发展目标中，足球被定位为中国建成体育强国的标志性事业。这说明足球在国家发展和建设中，尤其是我国从体育大国到体育强国的发展路径中具有重大和特殊的意义。足球的开展和发展会推动整个社会的进步，也是我们实现中华民族伟大复兴的中国梦这一伟大进程中的重要部分。

　　和世界上许多其他体育运动一样，足球是国际化的。以职业联赛为平台，近年来有许多国外的球员、教练加入中国足球，足球无形之中成为国内外文化交流的极佳渠道，增进了彼此之间的了解。我们的运动员出国交流（例如，前往西班牙甲级联赛的武磊，以及其他项目的运动员，如姚明），也起到国际文化交流大使的作用。这些体育运动的国际交流，促进了各国人民之间的理解和文化的交融，促进了世界和平和共同发展。

　　球场如社会，这里可以折射出人类社会的矛盾，当然也能折射出社会的变化与进步。每逢球赛，球场上数以万计的观众像过节一样激情四射，地域文化的归属感、自豪感油然而生，整个球场成为欢腾的海洋。球场之外，电视机前有更多的球迷沉浸在观看比赛的快乐之中。所有这些，对于一个城市、一个健康发展的社会，都具有不可估量的价值，能激发出无与伦比的正能量。

　　现代社会的经济生活是立国之本，经济基础决定上层建筑。

足球的人文社会科学视野

足球经济在全世界都是"举足轻重",在我国也日益发达。我们注意到,中国的足球俱乐部基本上是以投资方的名称来命名,如"国安""上港""鲁能"等,俱乐部名称的中性化才刚刚开展不久;而在欧洲,多半是以城市或地区命名,说明欧洲的足球带有强烈的社区色彩和历史背景,而我国则带有更浓厚的商业色彩。这是由于中国足球的职业化远远晚于欧洲,国内足球的职业化正逢市场经济大潮的兴起,自然而然成为财力雄厚的大公司(无论国企还是民企)运营的又一个平台。足球经济已经成为一门专门的学问。

在本书的最后一章,我们从人文社会科学的角度来介绍足球的内在价值,以更加立体地认识这项"世界第一运动"。

10.2 足球的人文价值

探讨足球的人文价值,要从足球作为全世界人们共同的游戏和欢乐说起。要说世界上重大的体育活动,很多人可能首先会想到奥林匹克运动会。奥林匹克运动会从古希腊开始,发展到现代奥运会,有个不成文的约定,就是在奥运会期间,将停止一切战争。奥运会被赋予了一种祈求、促进世界和平的使命。足球也有类似的人文内涵,事实上,奥运会是每4年一届,世界杯也同样是每4年一届,这两项世界上最大的运动盛会之间一般相隔两年。足球的真谛,也可以超越战争,享有普世价值。有一个著名的真实故事:在第一次世界大战交战双方的前线,德军和英法联军几乎无法用语言交流。1914年的圣诞节,一个足球改变了一切——确切地说,所有人对足球的热爱暂时改变了一切。交战双方的军人放下武器,全情投入到一场足球比赛中。这一刻,对和平与足球的热爱超越了战争与仇恨;这一刻,即使在最冷酷的战争中,足球也折射出了人性的伟大,并使它永远熠熠生辉(图10.1)。

足球作为一项世界性的运动,具有广大的群众基础和广泛的社会影响。它的正能量能推动社会的进步。足球也确实在利用自身巨大的影响力来传递人类共享的人文价值。例如,在足球比赛前,为一些灾难的受难者,或者是去世的队员、名宿默哀。另

足球的人文价值

图10.1 第一次世界大战交战双方足球赛纪念碑（1914年）

外，足球比赛对种族歧视的惩罚是非常严格的。2010年南非世界杯，曼德拉前总统亲临现场，受到了足球运动员和全世界高度的尊敬。作为20世纪全世界最有影响、最受尊敬的伟大人物之一，一名反种族歧视的英勇斗士，曼德拉在世界杯赛场的亮相，对于反种族歧视事业具有重要的象征意义。

10.3 足球运动中的体育精神

在体育运动当中，文明的精神是非常重要的。体育精神是体育的整体面貌，是体育项目水平、公正、公开的特色，以及凝聚力、感染力和号召力的反映；是体育的理想、信念、情操，以及体育知识、体育道德和体育审美水平的体现。可以说，体育精神是体育的支柱和灵魂。

有这样一则曾入选我国小学教材的故事：1997年3月24日，阿森纳对阵利物浦的比赛里，英国球员罗比·福勒接队友传球单

足球中的体育精神

刀突入禁区，面对出击的门将，他没有选择强行射门，而是选择收脚导致了自己摔倒在禁区内，裁判判罚了点球。面对裁判的判罚，福勒诚实地告知了主裁判对方门将并未碰到自己，这不是一个点球，但主裁判还是坚持了自己的判断。福勒这一充满公平竞赛精神的举动赢得了世界的赞誉，这就是教材中《放弃射门》一文的原型故事。除此之外，还有一个例子，在2003年中国香港贺岁杯半决赛丹麦队对阵伊朗队的比赛中，在上半场比赛的尾声，看台上的一名观众吹了一个"野哨"。伊朗队的队员误以为这声哨响是裁判员的中场哨，便在禁区里把球捡起来了，裁判当即判罚了点球。这个判决引发了伊朗队的强烈抗议，比赛一度中断。结果，丹麦队员在罚点球时，故意把球踢到球门以外。这一举动令在场的3万多名观众在惊诧之后，为丹麦队送上了掌声。这样一场纠纷就这么和平地、友好地解决了，这充分展现了高于胜负的体育精神。

足球比赛本身就应该是纯洁与公正的，公平的足球比赛有助于建设和谐的社会，有助于一个城市、一个民族，乃至一个国家人文精神的培养。事实上，现代足球扎根在城市社区文化之上，因此大部分的职业和业余球队会为城市和地区的荣誉而战。足球中有一类比赛，对阵的双方是在某个层面代表同一个地区的两支球队，这样的比赛称为"德比"之战。"德比"这个词起源于英国小城德比郡（Derbyshire County）的一项传统赛事，在每年的一些传统节日之时，当地的两支球队之间就会固定举行激烈的足球比赛，后来"德比"这个词就引申到整个足球世界，乃至其他的运动项目中。当然，球迷们对于自己球队的忠诚和支持，不是以球队的胜负来决定的。现在，这种足球文化也已经在我国的球迷群体中逐渐生根，一旦代表某座城市的球队或者国家队获得荣誉的时候，就变成整个城市、整个国家的节日。这是一股强大的正能量，对城市及国家的文明发展都会起到积极的推动作用。

10.4 足球与教育

在人的身心成长过程中，体育具有不可替代的重要作用。在《体育之研究》一文中，毛泽东同志曾大声疾呼："欲文明其精神，先自野蛮其体魄。苟野蛮其体魄矣，则文明之精神随之。"体育的教育功能有个很好的范例，即英国最著名的贵族学校伊顿公学。这座于1440年创办的古老学府，以"精英摇篮""绅士文化"闻名世界，也素以军事化的严格管理著称，学生的成绩大都十分优异，被公认是英国最好的中学，超过20位英国首相曾就读于此。伊顿公学的教育管理者们在设计课程时，把一半的课程都安排了体育课。在伊顿公学的教育者眼中，提高身体素质只是体育运动的其中一项益处。相比而言，他们更重视体育运动给学生们带来的其他好处，包括健康的生活习惯、外形和气

足球与教育

质、成熟、积极的心理等。教育管理者们设立多种体育项目，鼓励学生追求多元化的卓越，让每个学生都能发现自己的长处，并善于团队协作。英国陆军元帅威灵顿公爵，曾经在滑铁卢战役胜利后说过一句耐人寻味的话："滑铁卢战役取胜于伊顿公学的运动场上。"

在体育之中，足球更占有特殊的地位。足球的一些特点，使得它很适合被用作发挥教育功能的最佳工具。首先是对场地装备的要求相对较低，没有标准足球场，放两个砖块也可以当球门；凑不出11人对11人，7人对7人、5人对5人乃至两个人互相传球都能踢。其次，足球是一项非常讲究团队配合的运动，在参与足球的过程中，人和人之间的心理距离变得更近，社交技能也能得到提高，对于人的社会化很有益处。最后，足球中的身体对抗强度比较高，同时很考验和锻炼肢体协调性，对于人身体素质的提高和神经系统的加强大有裨益。足球具有种种优势，不一而足，也正是这些优势让它受到了全世界广大体育爱好者的喜爱。

谈到足球与教育，我们不仅强调足球的教育功能，还强调要通过教育的方式和渠道来发展足球，形成足球和教育的良性互促、良好融合。中国职业足球运动员文化教育水平低下是个普遍的事实，这也是我国足球落后的主要原因之一。"寓教育于足球，以教育兴足球"，这是清华大学体育部中国足球发展研究中心提出的中国足球发展理念。清华大学有着很好的体育教育传统，从马约翰先生为清华的体育工作奠基，到蒋南翔校长提出"争取至少为祖国健康工作五十年"的口号，再到由同学们提出的"无体育，不清华"标语出现在东大操场上，体育的特殊地位在一代代清华人之间接力传递。

足球和教育结合，最基本的内容就是要发展校园足球。邓小平同志提出"足球要从娃娃抓起。"对于这一方针，过去有许多人的理解是要让孩子很早就接受专门的足球训练。但是，事实证明，光靠早期专项化训练是难以培养出优秀的足球运动员的，因为文化教育的缺失会大大限制球员未来的发展，尤其是作为人的全面发展。因此，在新的时代背景之下，我们认为足球从娃娃抓起就是要从校园足球抓起，要充分发挥足球的教育功能。当前校园足球在神州大地生机勃勃、方兴未艾，可以预期，一代又一代有文化、有技术、有修养、懂足球的运动员会如雨后春笋般茁壮成长，中国足球的未来将寄托在他们的身上。

10.5 足球文化

足球带有强烈的民族特色和文化色彩，这些本不属于足球的元素与足球相互融合，形成了丰富多彩的足球文化。例如：巴西足球也被称为"桑巴足球"，就是因为巴西足球有着浓烈的桑巴舞风采，活跃、灵动、巧妙；德国队的外号是"日耳曼战车"，表现了日耳曼人坚忍不拔、绝不服输、勇猛顽强的精神；还有喀麦隆队被称为"非洲雄狮"，意大利队引以为傲的"混凝土防线"等。这些称号无不绘声绘色地体现了地域和民族文化的精华。

一个很有趣的现象是，环地中海国家普遍是足球强国，如西班牙、意大利、法国、希腊等。我们认为，在某种意义上，这种现象与当地的民族文化深有联系。当地民族性格中的热情奔放，以及忠诚、恒心和不屈不挠的意志，这些品格无一不表现在足球之中，造就了当地人民对足球的狂热乃至疯狂。足球文化深深地浸润在这些民族的血脉之中，因此无论输赢，球队都是他们心头的最爱，他们会为自己球队的每一场球赛感到快乐或悲伤。我们常常在讨论什么是足球文化，其实将足球融入自己的生活日常就是足球文化的一个具体表现。

10.6 足球的哲学

足球的魅力在于它的不可预知性，其奥妙在于它充满了斗智斗勇，它的战略战术更富有哲学的内涵。人们把巴萨足球队的中场指挥官哈维称为"足球场上的哲学家"，因为他在中场的运筹帷幄、战略布局、线路规划，都具有哲思的奥妙。如果说哈维是足球场上的哲学家，那么他的师承毫无疑问来自"球圣"克鲁伊夫。克鲁伊夫可以说是真正把足球的哲学提高到理论高度的一位伟大的足球运动员，由他所发扬光大的"全攻全守"（total football）足球理念直到今天也依然在塑造着足球比赛的内容。实际上，全攻全守战术的发明者是比克鲁伊夫更早的一位著名荷兰教练米歇尔斯。就像西方哲学的发源地古希腊一样，"足球哲学"如果也有一个发源地的话，那就是荷兰。在这片土地上，一代一代关于足球的思想不断传承发展，克鲁伊夫堪称是其中的集大成者。事实上，克鲁伊夫在他的足球生涯中一直在对足球进行着思考和诠释，他充满哲学意味的名言流传至今，下面列举一二。

足球运动与科学

1. 足球是享受

"快乐足球"曾经是著名教练米卢蒂诺维奇的口头禅,而这个思想在克鲁伊夫那得到最好的诠释。他说:"胜利不是足球的全部""我们要向世界证明,作为球员你可以获得大大的享受。你可以微笑,可以享受比赛。漂亮足球是赏心悦目的,而且你也可以获得胜利""足球应该永远以吸引人的方式展开,你应该踢出进攻力十足的足球,应该踢得壮观"。这一点在国家队层面上的荷兰足球和俱乐部层面上的巴塞罗那(巴萨)都有充分的体现,二者所秉持的攻势足球理念把足球比赛变成了球员及球迷共同的嘉年华。只有这样的足球,才能真正为人们所热爱,才能成为人们生活的快乐源泉。

2. 足球要简单

"踢足球非常简单,难的是踢简单的足球"。克鲁伊夫的这句名言最具有哲学的意味,充满了辩证法的精神。足球,看似简单而其实不简单,原因在于"简单足球也是最精准的足球""如果你传20m就够了,为什么要传40m?看上去最简单的解决问题的办法事实上也是最难的"。克鲁伊夫一针见血地指出:"我的前锋如果不愚蠢,没睡觉,那么只需要跑动15m。"

3. 胜负在控制

前文我们提到的荷兰名帅米歇尔斯曾说:"足球就是战争。"战争的胜负在很大程度上取决于控制,如制空权,足球也是如此。正像克鲁伊夫所说:"没有一支球队的跑动距离像巴萨这么少。他们永远控制足球、控制比赛节奏,决定在哪里踢球。足球只有一个,谁控球,谁控制比赛。"控制比赛,固然需要技术,但更重要的是靠大脑:"所有的教练都在谈论跑位,谈论积极跑动,我认为不需要跑那么多。足球是一项用大脑踢的运动。你应该在正确的时候处在正确的位置,不徐不疾。""不徐不疾",一句多么恰当而又深刻的智者之言——该快则快,该慢则慢,一切皆有目的,一切为了控制,为了取得进行攻击或防守的最佳布局,更为了最后致命的一击。这就是足球战略思想的精髓。

然而,我们在前文介绍的"足球要简单",却与控制足球之间难以调和;过于强调控制,可能会失去简洁的效果。例如,由米歇尔斯所开创,又被克鲁伊夫、瓜迪奥拉等世界级教练所发展的Tiki-Taka踢法,就以极强的控制力为标志,成就了一段巴萨队所向披靡的梦幻时期。然而,即使控制力再强的战术,也并非毫无破绽。就在2016年5月3日欧冠半决赛首回合,西蒙尼执教的马德里竞技赢下瓜迪奥拉执教的拜仁慕尼黑之后,《米兰体育报》就称赞西蒙尼说:"这是一场反Tiki-Taka的革命,西蒙尼就是

'切·格瓦拉',他就是司令官,以控球为主体思想的足球将要走向灭亡。巴萨和西班牙足球所崇尚的那些东西被西蒙尼的防守反击击溃。"如果仅从数据统计来看,马德里竞技在一切方面都处于绝对的劣势,控球率只有27.5%,60%的传球成功率也远远低于拜仁的85%,射门次数上马德里竞技更加惨不忍睹,全场只有7脚射门,而拜仁则轰出了33脚射门。但在防守表现方面,全场比赛马德里竞技共有47次解围,守门员奥布拉克更是有11次扑救,如果看这两项技术统计,那么拜仁没能取得更多的进球,似乎也不是那么难以理解了。简洁而致命,这才是最好的足球。

4. 关键在预判

预判就是审时度势,做出最正确的选择。预判既是智慧的体现,也是训练的结果。克鲁伊夫说:"速度经常会与预判混淆。如果你跑得比别人早,那看上去就比别人快。"足球场上固然要比速度,速度快的球员有很大的优势,但更重要的是启动早而快,跑位迅速而正确。预判的意义,对于守门员来说就更毋庸赘言了,他要判断是出击还是防守,防左还是防右,注重高空还是脚下。很多时候,胜利或失利就在一念之间。

不仅仅球员在场上需要预判,教练员对一场比赛的安排也要取决于他的预判。对方的阵型安排、球员使用,以及各种可能发生的状况,预判得越准确,取胜的把握就越大。而这种预判的能力,是长期经验积累的结果,也是教练思维水平的体现。在意大利名帅里皮执教广州恒大队期间,人们常称道恒大队的"恐怖的下半场",这就是因为里皮善于从上半场——即使是不成功的上半场——的形势发展预判出下半场的格局,并做出相应的对策和调整。所以预判是随着比赛进行即时更新的,不是赛前可以一概而论的,教练员的神经在整场比赛中都必须时刻紧绷。

5. 速度是灵魂

这里的速度,不仅指球员跑动的速度,它在更普遍的意义上指的是处理球的速度。克鲁伊夫说:"只要给他5米的空间,那么所有人都知道怎么踢球。"因为当你有足够的时间和空间时,做出选择就没有什么难度了。然而,足球比赛的激烈争夺恰恰就在于限制对方球员处理球的时间和空间。我们曾在前文中提到,比赛中球员处理球的平均时间为3s。实际上,球员处理球的时间往往要比这个时间还要短很多,特别是处于核心位置的球员,对方会采取紧贴、包夹等战术,他周围的对手会更多,向他的移动会更快。这时,处理球必须果断、机敏、实用,炫耀球技的空间不多。克鲁伊夫批评一些球员:"要踢好足球,需要有好球员,但一个好球员总是面临缺乏效率的问题。他总是想把必须要做的事情做得花里胡哨。"在克鲁伊夫的足球哲学中,评价一个球员的主要标准是他的效率和他在整体中的作用,而不是球技。

6. 全面的要求

现代足球对球员的要求越来越倾向于能力的全面性,克鲁伊夫要求"球员应该能够踢球场上所有的位置,正因为如此,所有人在战术布置时侧耳倾听是非常重要的。在教练跟右后卫谈论的时候,左边锋也不能睡觉。"只有全面的技能和全面的关注,才能体会各个位置上球员的功能,以及预判他们可能的反应,并予以积极的配合或接应。

10.7 足球经济

足球经济学是足球科学的重要组成部分,包括足球市场、俱乐部运作、人才培养的经济学等。由于它的博大精深,本书囿于篇幅,只能点到为止。但我们深信,足球经济的蓬勃发展,将是中国足球事业腾飞强大的助推器。

我们从宏观和微观两个层面来介绍与足球经济相关的内容。在宏观层面,我们分析足球经济和竞技水平与城市人口规模的关系。图10.2就以英格兰为例展示了这种关系,每个点代表一支球队。可以看到,在人口规模越大的城市,球队的竞技水平也越高。这一点并不难理解,但更加值得注意的是,各个点并非紧密分布在趋势线附近,而是较为

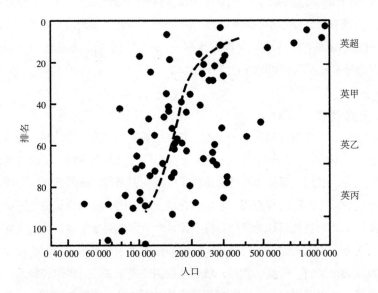

图10.2 英格兰各级别俱乐部数量与城市人口的关系

分散，这实际上是英格兰足球金字塔结构的体现。不是顶级联赛的球队都来自大城市，低级别联赛的球队都来自小城镇；而是来自大城市的球队和小城镇的球队在同一级别同场竞技。大城市资源更多（尤其是对于选材而言），培育的草根球队也更多；小城市虽然资源有限，但也可以在足球世界中完成逆袭，甚至通过足球来带动当地经济的发展。

足球经济

在微观层面，我们分析足球俱乐部的收支结构的特点和变化。在收入方面，足球发展早期，门票收入在俱乐部收入中曾占据很大的比重。但随着足球的商业化进程和球员交易的活跃，商业收入和球员转会费收入占据的比例越来越大，早已超越了门票收入。例如，曼联俱乐部的商业收入（包括特许商品出售和商业赞助等）占其总收入一半以上。此外，电视转播收入也随着联赛商业价值的不断增加越来越高。在支出方面，球员的转会费逐渐成为其中占比最高、也最令人瞩目的项目，而且往往是规模越大、商业越成功、对成绩的追求越高的俱乐部，在"军备竞赛"中的花费也越高。足球经济在微观层面的这种特点，使得球员的转会费成为衡量足球经济水平的一个重要标的。

当然，我们还是要强调，足球经济是一门系统的、复杂的学问，我们在此仅仅以一两个例子来说明这门学问中大家感兴趣的现象，希望能启发读者的思考。

结语

如今,足球在我们国家正处于一个非常艰难的时期。但是将眼光放长远、将视野放宽广来看,中国足球仍然走在一条向上发展的积极的道路上。一方面,足球这项运动在我国依然受到重视,这既是近代以来群众体育的发展传承,也是新时代下国家战略布局的重要选择。另一方面,足球在世界第一运动定位上的发展尚未停滞,足球在全世界范围内依然在不断扩张它的根系、攀高它的枝条。只要人类还需要在现实世界中生活,那么体育和游戏就会是人们永恒存在的需求。因此,我们依然有足够的理由和足够的机会来发展中国足球。

在本书中,我们粗浅地介绍了一些与足球有关的物理、数学知识,以及足球与科学、文化、教育的关系。毋庸赘言,科学作为一种方法论,一定是适用于中国足球的;也只有以科学的态度对待足球、研究足球、发展足球,才能真正把中国足球搞上去。希望我们抛砖引玉的工作,能够吸引更多的有识之士投入这类工作,相信科学足球在我国会有一个极其光明的前途。今天的中国,正在开启一个充满活力、气吞山河的新时代,足球的发展必将与这个伟大的时代交相辉映。

参考文献

[1] 王崇喜. 球类运动：足球[M]. 北京：高等教育出版社，2017.

[2] 高宝华. 普通高校足球课程教材[M]. 天津：南开大学出版社， 2010.

[3] WESSON J. 足球的科学[M]. 清华大学物理系学生足球队，译. 北京：清华大学出版社，2014.

[4] 孙葆洁，李剑桥，刘柱. 中国足球产业与文化发展报告[M]. 北京：清华大学出版社，2018.

[5] 孙葆洁，陈小虎，于鑫. 实用足球训练游戏图解100例[M]. 北京：清华大学出版社，2015.

[6] ÅSTRAND P O. Textbook of work physiology: physiological bases of exercise [M]. 4th ed.. Champaign, IL: Human Kinetics, 2003.

[7] EKBLOM B, KIRKENDALL D. Football (Soccer)[J/OL]. Medicine and science in sports and exercise, 1995, 27(8): 1229.

[8] BANGSBO J J A P S S. The physiology of soccer-with special reference to intense intermittent exercise [J]. Acta Physiol Scand Suppl, 1994, 619: 1-155.

[9] EKBLOM B. Applied physiology of soccer[J/OL]. Sports medicine (Auckland), 1986, 3(1): 50-60.

[10] HERMANSEN L, VAAGE O J A J O P-E, METABOLISM. Lactate disappearance and glycogen synthesis in human muscle after maximal exercise[J].Am J Physiol, 1977, 233(5):E422.

[11] WITHERS R J J H M S. Match analyses of Australian professional soccer players [J]. Human movement studies, 1982, 8: 159-176.

[12] 马秦，邹雲鹏. 高水平足球运动员冬训训练生理监控[J]. 当代体育科技，2020, 10（1）：240-242.

[13] 冯爱民. 青少年足球运动员左室肥厚的生理极限研究[J]. 湖北体育科技，2014, 33（12）：1067-1070.

[14] 张颖，赵克勇. 青少年足球运动员在递增负荷运动中各生理指标的变化研究及应用[J]. 武汉体育学院学报，2012, 46（9）：78-82, 100.

[15] 牛锦山. 足球运动员专项体能生理机能评定与应用分析[J]. 成都体育学院学报, 2009, 35（12）: 55–57.

[16] 杨雷, 张兴泉. 足球运动能量代谢特征探析[J]. 沈阳体育学院学报, 2008（5）: 101–103.

[17] 李静, 刘贺, 苏煜, 等. 我国职业足球运动员的压力来源与应对策略研究[J]. 浙江体育科学, 2008（6）: 128–131.

[18] 李小军. 足球运动的能量代谢特点及运动员的训练原则[J]. 少年体育训练, 2003（1）: 25–26.

[19] 蔡普旺, 鞠耐秋, 顾伟杰. 从能量代谢特点分析足球守门员的训练[J]. 山东体育学院学报, 1998（4）: 66–67, 69.

[20] 王永权, 杨一民, 何加才, 等. 足球运动体力负荷和生理负荷的特征[J]. 中国体育科技, 1997（10）: 9–11.

[21] 尹士勇, 梁立滨. 足球运动员必须加强有氧代谢能力的训练[J]. 哈尔滨师范大学自然科学学报, 1995（2）: 100–101.

[22] 杨俊茹, 赵鸿星, 殷恒婵, 等. 高水平足球运动员人格特质与意志品质特点和关系的研究[J]. 沈阳体育学院学报, 2005（4）: 43–45.

[23] 朱健民, 潘国屏. 高水平女子足球运动员心理竞技能力研究[J]. 天津体育学院学报, 2004（1）: 23–26.

[24] 侯卫东. 优秀女子足球运动员专项心理素质结构研究[J]. 天津体育学院学报, 2004（1）: 65–69.

[25] 杨继林. 试析足球暴力形成的几种因素及其对策[J]. 山东体育科技, 2001（3）: 75–76.

[26] 韩音. 我国足球运动员心理品质的研究现状[J]. 体育与科学, 1999（1）: 48–50, 64.

[27] HORIKAWA M, YAGI A. The relationships among trait anxiety, state anxiety and the goal performance of penalty shoot-out by university soccer players[J/OL]. PLoS ONE, 2012, 7(4): e35727. https://dx.plos.org/10.1371/journal.pone.0035727.

[28] JORDET G, T ELFERINK-GEMSER M, LEMMINK K A P M, et al. The "Russian roulette" of soccer?: perceived control and anxiety in a major tournament penalty shootout[J]. International Journal of Sport Psychology, 2006, 37(2-3): 281–298.

[29] HORIKAWA M, YAGI A. The relationships between trait anxiety, state anxiety and goal performance of university soccer players[J]. INTERNATIONAL JOURNAL OF PSYCHOLOGY, 2004, 39(5-6): 368.

[30] KANG H, JANG S. Effects of competition anxiety on self-confidence in soccer players: modulation effects of home and away games[J/OL]. Journal of Mens Health, 2018, 14(3): E62-E68.

[31] GARCIA A P, ARAGUES G M. Sport injuries and level of anxiety in soccer players[J]. Medicina Clinica, 1998, 111(2): 45-48.

[32] HAZELL J, COTTERILL S T, HILL D M. An exploration of pre-performance routines, self-efficacy, anxiety and performance in semi-professional soccer[J/OL]. European Journal of Sport Science, 2014, 14(6): 603-610.

[33] VATER C, ROCA A, WILLIAMS A M. Effects of anxiety on anticipation and visual search in dynamic, time-constrained situations[J/OL]. Sport Exercise and Performance Psychology, 2016, 5(3): 179-192.

[34] JERZ M. Strategy of dealing with stress in state of anxiety among young soccer players and nonathletes[J]. International Journal of Psychology, 2004, 39(5-6): 368.

[35] 徐金成, 高璨, 高颀, 等. 中国足球运动损伤研究现状及其国际比较[J]. 中国运动医学杂志, 2017, 36（1）: 84-90.

[36] 张美珍. 非接触性前交叉韧带损伤危险因素的生物力学研究[D]. 北京: 北京体育大学, 2012.

[37] 仇乃民, 李少丹. 我国足球运动损伤的特点、原因及其预防[J]. 运动, 2010（4）: 66-69.

[38] 侯俊杰. 足球运动损伤的研究状况[J]. 体育科研, 2006（3）: 72-75.

[39] 龙军. 足球运动员损伤现状及对策研究综述[J]. 温州师范学院学报（自然科学版）, 2004（5）: 102-106.

[40] 陆勇, 贾文. 高校足球运动常见运动损伤的相关因素调查[J]. 上海体育学院学报, 2003（6）: 70-88.

[41] 卫明. 足球运动损伤的特点[J]. 武汉体育学院学报, 2003（1）: 59-60.

[42] 李静. 引起足球运动损伤的内部机制和外部因素的分析[J]. 四川体育科学, 2002（3）: 17-18.

[43] 马国川, 欧阳孝. 中国女子足球运动员运动损伤规律及防治的初步研究[J]. 中国运动医学杂志, 2001（1）: 61-63, 84.

[44] 吕志刚, 杨从麝, 杨次榆, 等. 足球运动员的损伤研究[J]. 成都体育学院学报, 1998（2）: 84-87.

[45] WONG P, HONG Y. Soccer injury in the lower extremities[J/OL]. British Journal of Sports Medicine, 2005, 39(8): 473-482.

[46] NERY C, RADUAN F, BAUMFELD D. Foot and ankle injuries in professional soccer players diagnosis, treatment, and expectations[J/OL]. Foot and Ankle Clinics, 2016, 21(2): 391.

[47] KRAMER J, SCHEURECKER G. Knee and ankle injuries from playing football[J/OL]. Radiologe, 2010, 50(5): 435-443.

[48] INKLAAR H. Soccer injuries .2. etiology and prevention[J/OL]. Sports Medicine, 1994, 18(2): 81-93.

[49] GEBERT A, GERBER M, PUHSE U, et al. Injuries in formal and informal non-professional soccer-an overview of injury context, causes, and characteristics[J/OL]. European Journal of Sport Science, 2018, 18(8): 1168-1176.

[50] SUGIMOTO D, LOIACONO A J, BLENIS A, et al. Risk factors in elite, adolescent male soccer players: prospective study[J/OL]. Clinical Pediatrics, 2020, 59(6): 596-605.

[51] STUBBE J H, VAN BEIJSTERVELDT A M M C, VAN DER KNAAP S, et al. Injuries in professional male soccer players in the netherlands: a prospective cohort study[J/OL]. Journal of Athletic Training, 2015, 50(2): 211-216.

[52] SMITH N A, CHOUNTHIRATH T, XIANG H. soccer-related injuries treated in emergency departments: 1990—2014[J/OL]. Pediatrics, 2016, 138(4).

[53] 葛惟昆, 贾继莹, 张京雷. 从空气阻力墙理论到足球的"电梯球"技术[J]. 物理, 2016, 45（1）: 43-45.

[54] 足球竞赛规则 2022/2023[M]. 北京：人民体育出版社, 2023.

[55] WESSON J. 足球的科学[M]. 清华大学物理系学生足球队, 译. 北京：清华大学出版社, 2014.

[56] 王瑞元, 苏全生. 运动生理学[M]. 北京：人民体育出版社, 2012.

[57] 孙文新, 曾桂生, 郑源, 等. 中国优秀女子足球运动员心理特征现状的研究[J]. 中国体育科技, 2001（12）: 3.

[58] 周義昌. 足球训练中运动生理学的运用研究[J]. 当代体育科技, 2020, 10（9）: 58+60.

[59] 张玉宝. 男子竞技体操体能训练内容及训练方法创新[J]. 运动, 2011,（2）: 31-32+79.

[60] 贺臻, 任文君, 杨士强, 等. 体育学中反应时研究的重要性探讨[J]. 体育世界（学术版）, 2019（8）: 26-27.

[61] 龙斌. 对现代短跑运动员力量训练的再认识[J]. 武汉体育学院学报, 2003（1）: 75-76+79.

[62] 赵原. 补糖与运动能力[J]. 柳州师专学报, 2001（1）: 97-99.

[63] 李保宁. 对足球运动员供能特点的探讨[J]. 河南工业大学学报（社会科学版），2007（3）：133-134.

[64] 李茂堂. 足球运动员心理压力分析与调适[J]. 湖北体育科技，2002（3）：298-299+301.

[65] 顾震. 关于中国足球运动员心理品质及球队群体心理氛围的研究[J]. 南京体育学院学报（社会科学版），2005（2）：80-82+76.

[66] 杨志俊. 高校足球选项课运动损伤的调查研究[J]. 卫生职业教育，2014，32（13）：108-109.

[67] 邹炜. 足球运动中常见损伤的急救处理方法[J]. 华北煤炭医学院学报，2002（4）：468.

[68] 张平，李成军，李成文. 足球运动创伤急救措施[J]. 吉林医药学院学报，2006（3）：155-157.

[69] 葛惟昆. 足球的魅力与科学[J]. 物理与工程，2016，26（4）：32-39.

[70] 金明央，施长和. 足球运动员的体能分析[J]. 运动生理暨体能学报，2006：29-40.

[71] 土屋庆太. 你与世界王者的距离：德国足球的实战训练"密码". 任定猛，译. 北京：北京体育大学出版社，2012.